좋은 부모 되기 40일 프로젝트

송재환 지음

좋은 부모 되기 40일 프로젝트

현직 교사가 부모에게 제안하는 자녀 교육 이야기

도토리
창고

만일 내가 다시 아이를 키운다면

다이애나 루먼스

만일 내가 다시 아이를 키운다면
먼저 아이의 자존심을 세워주고,
집은 나중에 세우리라.
아이와 손가락 그림을 더 많이 그리고,
손가락으로 명령하는 일은 덜 하리라.
아이를 바로잡으려고 덜 노력하고
아이와 하나가 되려고 더 많이 노력하리라.
시계에서 눈을 떼고,
눈으로 아이를 더 많이 바라보리라.

만일 내가 다시 아이를 키운다면
더 많이 아는 데 관심을 갖지 않고,
더 많이 관심 갖는 법을 배우리라.

4

자전거도 더 많이 타고,
연도 더 많이 날리리라.
들판을 더 많이 뛰어다니고,
별들을 더 오래 바라보리라.
더 많이 껴안고 더 적게 다투리라.
도토리 속에 떡갈나무를 더 자주 보리라.
덜 단호하고 더 많이 긍정하리라.

힘을 사랑하는 사람으로 보이지 않고,
사랑의 힘을 가진 사람으로 보이리라.

　나는 아버지 학교를 운영하면서 땅을 치며 후회하는 아버지들을 많이 보았다. 후회의 요지는 아이에게 얼마나 아버지가 소중한 존재인지 혹은 아버지의 역할이 무엇인지 또는 좋은 남편은 어떻게 되는지에 대해 아버지 학교를 통해 진작 배웠더라면 좋았을 텐데 하는 것들이다. 자녀가 좀 더 어렸을 때 알았더라면 지금보다는 훨씬 더 좋은 아빠가 되었을 것이고 더 행복한 가정을 꾸릴수 있었을 텐데 하는 아쉬움들을 많이 고백하곤 한다.

　자녀가 엇나가기 시작하고 가지 않아야 할 길로 갈 때 문제의 심각성을 가지고 아버지 학교를 찾는 사람들이 많다. 물론 이러한 문제점들이 아버지 학교를 통해서 많이 회복되기도 하지만, 아쉬운 점은 자녀가 좀 더 어릴 때 아버지 학교에 와서 아버지의 역할이나 책임 등을 배웠더라면 훨씬 좋았을 텐데 하는 생각이 들 때가 많다. 자녀 교육은 자녀가 어릴 때부터 하는 것이 가장 좋지만 우리들은 이 좋은 때를 놓쳐버리고 후회할 때가 참 많은 것이 사실이다. 흘러가버린 물처럼 되돌릴 수 없는 것이 자식 교육이다.

　자식을 제대로 훈육하기 위해서는 먼저 부모가 정확한 가치관과 올바른 훈육 태도를 알아야 하며 부모가 먼저 좋은 인생을 살아야 한다. 이처럼 이론과 실제가 잘 맞아떨어져야 자녀를 제대로 양육할 수 있다. 그런데 부모가 자녀를 훈육하고 가르칠 수 있는 좋은 기간은 본인이 생각할 때 초등학교 때까지이다. 물론 그 이후에도 자녀 교육은 계속 이루어지겠지만 부모의 영향력은 현저히 떨어지고 효과도 떨어지게 마련이다. 이 책에서는 이런 부분을 '하나님은 부모에게 13년의 유예기간을 주었다' 라는 글로 피력하고 있다. 참 맞는 말이다. 자녀 교육은 자녀가 초등학교를 마치기 전까지 다 마쳐야지 그렇지 않으면 호미로 막을 것을 가래로 막게 되는 것이다.

이런 의미에서 이 책은 참 추천할 만한 자녀 교육서이다. 일선에서 초등교육을 오랫동안 담당한 현직 교사의 경험에서 나온 살아 있는 자녀 교육의 지침서라고 할 만하다. 자녀 교육을 시킬 수 있는 마지막 절호의 찬스인 초등학교 자녀를 둔 부모들이 어떤 마음과 태도를 가지고 자녀 교육에 임해야 하는지에 대한 좋은 지침서라고 생각한다. 어떻게 하면 좋은 부모가 될 것인지를 끝없이 고민하는 부모들에게 적극적으로 추천하는 바이고 특별히 이 땅의 어린 자녀를 둔 아비들에게도 강력히 권하면서 추천의 글을 가름하고자 한다.

두란노 아버지 학교 운동본부장

김성묵

학교 현장에서 많이 사용되는 말 중에서 '문제 아이 뒤에는 문제 부모가 있다' 라는 말이 있다. 이 말은 부모의 중요성을 단적으로 나타내는 말이라고 생각한다. 본인은 40년 가까이 학교 현장에서 아이들을 가르치면서 이 말이 정말 사실임을 절감했다. 좋은 아이 뒤에는 항상 좋은 부모가 있었고, 문제 아이 뒤에는 문제 부모가 있었다.

모든 부모는 좋은 부모 되기를 소원한다. 하지만 안타깝게도 현실에서는 많은 부모가 그렇지 못한 경우가 많다. 좋은 부모 되기를 소원하지만 현실은 정반대로 흘러가는 경우도 많다. 왜 이렇게 되는 것일까? 자녀 양육의 적기를 놓쳐서 그렇다. 많은 부모가 자녀가 어릴 때 제대로 가르치지 못해서 그렇다. 여기서 어릴 때라고 표현했지만 실은 초등학교 때까지를 의미한다. 자녀 교육은 초등학교 때까지 마치고 나머지 기간은 결과를 기다리는 것이다. 마치 농부가 봄에 모내기와 여름 김매기를 마치고 가을에 자기의 노력의 결과인 추수를 기다리듯 말이다.

많은 부모가 적기를 놓치는 이유는 초등학교 시절의 중요성을 간과하는 것과 자녀 양육 원칙의 부재 때문이다. 많은 부모는 사춘기가 되면 자녀 교육을 시작하려고 한다. 그러나 그때는 이미 늦다. 긁어 부스럼만 생길 뿐이다. 자녀 교육을 시키고자 하는 부모는 초등학교 때까지 최선을 다해야 한다. 이때까지 힘써서 훈육해야 한다. 힘써 훈육하려면 부모 자신의 자녀 교육관이 분명하게 서 있어야 할 것이다. 이 책은 이런 부모들에게 많은 도움을 줄 수 있을 것이다. 초등학생들과 항상 호흡하는 초등교사의 시각으로 보았기 때문에 실질적이고도 현실적인 자녀 교육 문제를 잘 짚어내고 좋은 해결 방안을 제시하고 있다. 특히 아이들 속에 있지 않으면 느끼지 못하고 부모들은 간과하기 쉬운 문제를 주제로 삼아 잘 풀어갔다고 생각한다.

좋은 부모란 누구인가? 이 책의 저자도 끊임없이 말하고 있지만 자녀에게 좋은 본이 되는 부모이다. 아는 것이 힘이 아니고 실천하는 것이 힘이다. 특별히 이 책에 소개하는 '좋은 부모 실천편'을 따라서 실천하면 누구나 다 좋은 부모가 될 수 있으리라 여겨진다. 좋은 부모가 되기를 소원하는 이 땅의 모든 부모에게 이 책을 강력히 추천하는 바이다.

서울 동산초등학교장
윤성로

'좋은 부모를 둔 자녀는 이미 좋은 인생을 시작한 것이다' 라는 말이 있다. 이 말만큼 우리 부모들에게 무한한 책임감을 느끼게 하는 말도 없는 것 같다. 부모라면 누구나 자녀가 좋은 인생을 살길 원하지만 그렇게 되기 위해서는 부모가 먼저 좋은 부모가 되어야 한다는 말이다.

모든 부모가 좋은 부모가 되길 원하지만 모두가 좋은 부모가 되는 것은 아니다. 왜냐하면 좋은 부모는 저절로 되는 것이 아니기 때문이다. 부모 되기는 쉽지만 좋은 부모 되기는 어려운 것이다. 좋은 부모가 되려면 부모 된 자가 끊임없이 변하려고 노력하고 배우기를 멈추지 않는 담금질 같은 과정을 거쳐야 한다.

말로 자녀 교육이 다 될 것 같으면 세상 어떤 자녀도 잘못된 길로 가지 않을 것이다. 자녀 교육은 절대 말로 되는 것이 아니다. 보통 부모는 말로만 하지만 좋은 부모는 끊임없는 훈육을 하고 스스로 모범을 보인다. 보통 부모와 좋은 부모의 결정적 차이는 삶의 모습에 있는 것이다. 보통 부모도 말로 훈육하고 좋은 부모도 말로 훈육을 한다. 하지만 좋은 부모는 말로만 하지 않고 자기가 말하는 대로 살면서 모범을 보여준다. 이것이 바로 많은 부모가 좋은 부모가 되기를 소원하지만 좌절되는 이유이다. 좋은 부모는 아무나 되는 것이 아니고 철저하게 자기 훈련을 한 사람이 될 수 있다.

당신은 좋은 부모 되기를 꿈꾸는가? 그렇다면 당신은 끊임없이 변해야 한다. 우리가 돈을 벌기 위해 애쓰듯이 좋은 부모가 되기 위해 애써야 한다. 돈을 더 벌기 위해 재테크 서적을 열심히 탐독하는 것 이상으로 좋은 부모가 되기를 원한다면 자녀 교육서도 열독해야 할 것이다. 그리고 더 중요한 것은 실천이다. 재테크 서적을 읽고 실천하지 않는다면 부자가 될 수 없듯이 자녀 교육서도 읽고 실천을 해야 좋은 부모가 될 수 있다.

필자가 이 책을 집필하게 된 동기도 필자가 이미 좋은 부모가 되어서가 아니라 좋은 부모가 되기 위해서이다. 필자도 이 책을 집필하는 과정에서 좋은 부모가 되고자 얼마나 많은 결심과 결단을 했는지 모른다. 부모 된 자의 숙명이 있다면 그것은 부모가 된 그 순간부터 평생토록 좋은 부모가 되기 위해 노력해야 한다는 것이다. 왜냐하면 부모에게는 사표 수리가 없기 때문이다.

이 책은 좀 더 좋은 부모가 되기를 소원하는 부모들에게 도움이 될 것이다. 많은 자녀 교육 지침서가 있지만 이 책은 항상 아이들과 함께 생활하는 현장 교사의 시각으로 집필되었다. 때문에 전문가들이 집필한 양육서처럼 심오한 이론이 있는 것은 아니다. 초등교사 눈에 비친 요즈음 아이 교육의 문제점들을 나름 써 내려갔다. 그렇지만 어린 자녀 특히 초등학교 자녀를 둔 부모가 한 번 읽어본다면 많은 생각할 거리를 제공할 것이다. 특별히 좋은 부모가 되기를 원하는 부모라면 이 책을 하루에 읽고 치우지 말고 각 본문 뒤에 나오는 '생각하고 꼭 적어봅시다' 부분을 제대로 실천해보길 바란다. 그러면 자신도 모르게 서서히 좋은 부모로 변해갈 수 있으리라 믿는다. 우리가 책을 읽고 변하지 않는 이유는 단순히 읽기만 하기 때문이다. 책을 읽고 변하기 위해서는 철저히 묵상하고 실천해야 한다. 아무쪼록 이 책이 많은 부모가 좋은 부모 되는 데 일조하기를 바라는 마음 간절하다.

마지막으로 이 책을 집필하는 동안 넉넉한 지혜를 주시고 꾸짖지 않으신 참 좋은 하나님께 감사드린다. 또한 항상 희생적 사랑을 보여주신 어머님과 남편 때문에 산다고 말하는 아내에게 감사의 마음을 전한다. 그리고 집필한다고 많이 놀아주지도 못하고 같이 많은 시간 보내지 못해 미안한 사랑스러운 두 딸 하늘이와 가람이에게 이 책을 바치고 싶다.

서울 동산초등학교 4학년 1반 교실에서
좋은 부모와 좋은 교사 되기를 소원하는 송재환

차례

13

나는
좋은 부모인가

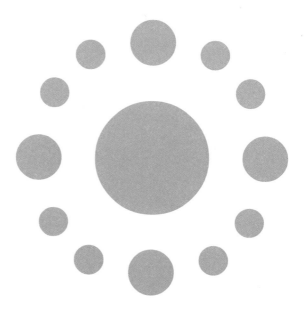

부모의 생각이 아이의 삶을 끌어당긴다

우리가 살아가는 지구에는 중력이라는 것이 작용한다. 지구가 끌어당기는 힘, 중력 때문에 모든 물체는 위에서 아래로 떨어지게 되어 있는 것이다. 이는 자연의 법칙이기 때문에 그 누구도 거스를 수 없다.

누구에게나 적용되는 중력의 법칙처럼 부모와 자녀 사이에도 거스를 수 없는 법칙이 있다. 바로 '생각대로 법칙' 이다. '생각대로 법칙' 대로라면 부모가 생각하고 기대하는 대로 자녀는 커 간다. 부모가 자녀에 대해 긍정적이고 성공적인 생각을 가지고 있으면 그 생각대로, 반대로 부정적이고 패배적인 생각을 갖는다면 그 기대대로 커 간다는 뜻이다.

이러한 '생각대로 법칙'은 거의 예외가 없다. 아이가 아무리 우수한 능력을 가지고 태어났다 할지라도 부모가 인정하지 않고 부정적으로 생각하면 아이는 성공할 수 없다. 하지만 아이의 능력은 별 볼일 없을지라도 부모의 긍정적인 생각과 기대가 지속적으로 이루어지면 그 아이는 분명 달라질 것이다.

실제로 부모의 편견이나 생각 때문에 기죽어 지내는 아이를 흔히 볼 수 있다. 필자가 6학년을 맡았을 때 형제를 2년 간격으로 연거푸 담임한 적이 있는데, 그 형제는 둘 다 우수했다. 형은 차분하고 공부에서 1등을 놓치지 않는 아이였고, 동생은 활달하면서 1등까지는 아니더라도 공부를 꽤 잘하는 편이었다. 그런데 상담을 하면서 보니 어머니는 항상 형은 공부 잘하는 아이, 동생은 형보다 못한 아이라고 생각하는 것이었다. 교사인 내가 보기에는 오히려 동생이 우수한 면이 훨씬 많은데, 그 어머니는 형이 훨씬 더 우수한 아이라고 굳게 믿고 있었다. 형이 졸업하고 5년쯤 지난 후에 길거리에서 우연히 그 어머니를 만났는데, 형은 여전히 전교 1등을 한다고 자랑했다. 동생 이야기를 묻자 그 어머니는 "동생이 형보다 못하다는 건 선생님도 아시잖아요. 형보다 많이 부족해요" 하면서 자세한 대답을 피했다.

자녀는 철저하게 부모의 생각대로 자란다. 자녀가 공부를 못한다고 화를 내거나 혼을 내는 부모들에게 묻고 싶다. 나의 아이가 1등을 한다는 생각을 해보았는지 말이다. 혹시라도 꿈같은 이야기라고 생각한다면 우리 아이는 절대 1등을 할 수 없다. 애초에 부모로부터 기대받지 못하는 아이는 '생각대로 법칙'에 따라 그 기대만큼만 성장하기 때문이다. 내 아이가 공부를 잘하길 원한다면 당장 생각부터 바꾸자. 내 자녀는 공부를 잘할 것이라고 말이다. 그러면 공부 못한다고 잔소리하고 면박 줄 때보다 훨씬 공부를 잘하는 자녀를 발견할 수 있을 것이다. 이것이 '생각대로 법칙'이다.

생각이 말이 되고 말은 행동을 낳으며 행동은 습관으로 자리 잡고 습관은 인생을 결정하는 법이다. 자녀의 인생을 바꾸려면 부모의 생각부터 바꿔야 한다. 내 자녀는 정말 복 있는 인생을 살아갈 것이고 성공하고 행복할 것이라고 말이다. 이렇게 생각하지 않으면 백약이 무효이듯 백 가지 자녀 양육법도 소용없다. 부모들은 반드시 기억해야 한다. 자녀가 부모 생각대로 커 간다는 사실을.

중력이 우리를 끌어당기듯 나의 생각이 아이의 인생을 끌어당길 것이다. 나는 지금 자녀를 어디로 이끌고 있을까? 성공인가? 실패인가?

생각해보고 꼭 적어봅시다!

1. 자녀에 대한 나의 기본적인 생각을 적어보자. 나는 어떤 생각으로 내 자녀를 바라보는가?

_____

_____

_____

_____

_____

2. 위에 적은 것을 가만히 살펴보자. 부정적인 생각이 깔려 있는가? 긍정적인 생각이 깔려 있는가?

_____

_____

_____

_____

3. 만약 내가 자녀에 대해 부정적인 생각을 깔고 있다면 그 부정적 생각의 양탄자를 걷어버리고 새로운 긍정적 생각의 양탄자를 깔아야 한다. 이 작업이 선행되지 않으면 그 어떤 것도 효과가 없을 것이다.

좋은 부모 되기 위한 오늘의 선포
내 자녀는 내 생각대로 아름답고 행복한 인생을 살아갈 것이다!

📖 하루 중 가장 좋은 기회를 잡아서 자녀에게 반드시 속삭여주거나 문자로 보내자.
엄마는 너의 인생이 정말 기대된단다.
아빠는 너의 인생이 아름다운 일들로 가득할 것이라 믿는다.

✎ 구체적으로 적어보고 머릿속으로 1분 동안 그려보자.
내가 상상할 수 있는 자녀의 최고 모습 상상해보기

✔ 물 한 방울은 미약하지만 바위를 뚫는다. 나의 작은 실천이 모여 내 자녀의 인생을 뚫을 것이다.
사랑하는 내 딸, 엄마는 네가 아름다운 인생을 살아갈 것이라 기대한다.
자랑스러운 내 아들, 아빠는 네가 좋은 인생을 살아갈 것이라 기대한다.

👑 인생은 말한 대로 이루어진다. 가슴을 펴고 당당하게 외쳐보자.
내가 좋은 부모가 되겠다고 선포하면 나는 이미 좋은 부모가 된 것이다.
나는 좋은 부모이다. 내 자녀는 행복하고 성공하는 인생을 살 것이다.
나는 항상 행복한 너의 미래를 생각할 것이다.

내 아이는 칭찬화분인가 욕화분인가

우리말에 '말이 씨가 된다' 라는 말이 있다. 즉 말한 대로 된다는 뜻이다. 이 말을 모르는 사람은 없다. 알면서도 우리는 평상시 삶 속에서 뿌려야 할 말의 씨앗은 뿌리지 않고, 뿌리지 말아야 할 말의 씨앗은 너무 많이 뿌리고 있다. 예컨대 칭찬과 격려의 말의 씨앗은 당연히 많이 뿌려야 하는데도 가뭄에 콩 나듯이 뿌린다. 이에 반해 비난과 저주의 씨앗은 뿌리지 말아야 할 씨앗인데도 너무 많이 뿌리며 살아간다. 잠잠하다가도 한번 했다 하면 소나기 퍼붓듯 말을 쏟아내는 것이 보통 사람들의 모습이다.

통계를 보면 우리 아이들은 평균 두 번 칭찬받는 동안 98번의 비난을 듣고 자란다고 한다. '설마? 나는 아니겠지!' 라고 생각하겠지만 자신의 언어 생활을 가만히 살펴보면 이것이 믿을 만한 통계라는 것을 수긍할 것이다. 이렇게 많은 비난을 받고 자란 아이들은 절대 좋은 인격의 소유자가 되지 못한다. 남을 인정하지 못하고 항상 깎아내리려고만 한다. 남을 비난하기 좋아하는 사람이라면 본인의 어린 시절을 돌이켜보라. 그러면 부모에게 칭찬과 격려보다는 힐난과 비난을 많이 받은 자신의 모습을 떠올릴 수 있을 것이다. 비난을 많이 받고 자란 아이는 거칠고 공격적이다. 이런 아이들은 친구가 없다.

필자는 말조심을 하자는 의미에서 매년 아이들과 이런 실험을 한다. 똑같은 식물을 심은 두 개의 화분을 가져와 한 화분에는 '욕화분', 한 화분에는 '칭찬화분'이라고 써놓고, 욕화분에는 욕을 해주고 칭찬화분에는 칭찬의 말들을 해준다. 물론 다른 조건(햇빛, 물, 공기 등)은 똑같이 해준다. 결과는 한 달쯤 지나면 어김없이 나타난다. 욕화분과 칭찬화분의 식물 생육 상태가 점점 차이가 난다. 욕화분의 식물은 점점 시들면서 성장이 더디다. 하지만 칭찬화분의 식물은 여전히 파릇파릇하게 잘 자라는 것을 볼 수 있다. 두 달쯤 지나면 두 화분의 차이는 눈으로 확연하게 구분될 정도로 변한다. 아이들은 이 과정을 보면서 신기해하고 놀라워한다. 필자도 매번 놀란다. 식물이 사람의 말을 알아듣는 것이다. 두 화분은 마치 자기에게 어떤 낙인이 찍혔는지 알고 있는 것 같다. 놀랍지 않은가? 식물이 사람의 말을 알아듣고 기대대로 자란다는 사실이 말이다.

인간은 어떨까? 말할 필요도 없다. 부모에게 칭찬과 격려를 받고 자라는 아이들은 정서가 안정되어 있고 남을 칭찬하는 데도 익숙하다. 교우관계도 원만하다. 하지만 부모에게 비난을 많이 듣는 아이들은 공격적이고 정서가 불안하며 남을 칭찬할 줄 모른다. 자기가 받은 대로 하는 것이다.

말에는 창조의 능력이 있다. 성경에 보면 하나님이 세상을 창조할 때 말로 창조했다고 하는 사실만 보아도 알 수 있다. 하나님이 말로

'빛이 있으라' 하니까 빛이 생겼다는 것이다. 굉장히 복잡한 화학적, 물리적 원리들로 만든 것이 아니라 말로 세상을 만들었다는 것이다. 허무맹랑한 이야기처럼 들릴 수도 있지만 시사하는 바가 크다. 사람의 말도 이와 같이 창조의 능력이 있다. 자녀에게 '너는 성공하고 행복한 인생을 살 거야'와 같은 말을 자주 하면 그 자녀는 분명 그런 인생을 살 것이다. 하지만 자녀에게 '그러면 그렇지. 네가 무엇을 할 수 있겠어'와 같은 말을 자주 하면 그 자녀는 분명 말처럼 아무것도 아닌 인생을 살 것이다. 왜냐하면 부모의 말은 자녀의 인생을 창조하는 능력이 있기 때문이다.

지금 당신은 자녀에게 어떤 언어를 쓰고 있는가? 긍정과 칭찬의 언어인가? 아니면 부정과 비난의 언어인가? 분명한 것은 당신이 쓰는 그 언어대로 자녀의 인생이 진행된다는 사실이다. 당신의 말 한마디는 반드시 자녀의 인생의 밭에 뿌려져 열매를 거둘 것이다.

생각해보고 꼭 적어봅시다!

1. '말에는 창조의 능력이 있다'라는 말에 어느 정도 수긍을 하는가? 이것을 잘 알아볼 수 있는 방법은 나의 삶을 돌아보는 것이다. 아마 나 또한 나의 입에서 나온 말대로 살고 있을 것이다. '나는 항상 잘될 거야'와 같은 말을 입에 달고 사는 사람은 그 말대로 잘되

는 인생을 살 것이다. 하지만 '나는 되는 일이 없어' 와 같은 부정적인 말을 입에 달고 사는 사람은 아마 그런 인생을 살 것이다. 내가 가장 즐겨 하는 말을 아래에 세 가지만 적어보자.

_____

_____

_____

_____

_____

2. 만약 위 항목에서 적은 말들 중에서 부정적인 말이 있다면 좀 더 긍정적이고 멋있는 말로 대체해보자. 그리고 입에 붙을 때까지 수없이 되뇌어보자. 분명 인생이 말처럼 변할 것이다.

_____

_____

_____

_____

_____

3. 내가 하는 말은 나 자신뿐 아니라 다른 사람들에게도 많은 영향을 끼칠 것이다. 특히 자녀에게는 엄청난 영향을 줄 것이다. 내가 자녀에게 하는 부정적인 말과 긍정적인 말을 두 개씩 적어보고 부정

적인 말을 긍정적인 말로 바꿔보자.

_____

_____

_____

_____

_____

_____

좋은 부모 되기 위한 오늘의 선포

내 자녀에게 가르치는 그 모습 그대로 나는 살아갈 것이다!

📋 하루 중 가장 좋은 기회를 잡아서 자녀에게 반드시 속삭여주거나 문자로 보내자.

사랑하는 딸아! 너만 보면 참 기분이 좋아지는구나.

자랑스러운 아들아! 너는 아빠의 기쁨이다.

✍ 구체적으로 적어보고 머릿속으로 1분 동안 그려보자.

자녀의 가장 못마땅한 모습이 고쳐졌을 때의 모습 상상해보기

✒ 물 한 방울은 미약하지만 바위를 뚫는다. 나의 작은 실천이 모여 내 자녀의 인생을 뚫을 것이다.

오늘 하루 TV 보지 않고 자녀와 같이 1시간 독서하기

책을 읽은 후에 간단하게 책을 읽게 된 동기나 내용에 대해 이야기하기

👑 인생은 말한 대로 이루어진다. 가슴을 펴고 당당하게 외쳐보자.
내가 좋은 부모가 되겠다고 선포하면 나는 이미 좋은 부모가 된 것이다.

나는 좋은 부모이다. 내 자녀는 행복하고 성공하는 인생을 살 것이다.

나는 항상 긍정적인 말로 너를 격려할 것이다.

콩나물 기르듯 가르쳐라

콩나물 시루에 콩나물을 기르는 과정을 보면 참 신기하다는 생각이 든다. 콩나물 시루에 물을 주면 물은 그냥 모두 흘러내린다. 퍼부으면 퍼부은 대로 그 자리에서 물은 모두 아래로 빠진다. 아무리 물을 주어도 콩나물 시루는 밑 빠진 독처럼 물 한 방울 고이는 법이 없다.

그런데 어느 순간 보면 콩나물이 많이 자라 있다. 물이 모두 흘러내린 줄만 알았는데 콩나물은 보이지 않는 사이에 무성하게 자라 있다. 물이 그냥 흘러버려 헛수고를 한 줄만 알았는데 그런 것이 아니었다.

콩나물을 길러본 사람이라면 더욱 공감이 가는 이야기일 것이다. 그런데 아이를 키우는 데도 콩나물을 기르듯 해야 한다는 생각이 든다. 콩나물을 기르는 것과 아이를 키우는 것은 여러 모로 닮아 있다.

첫째, 콩나물이나 아이나 욕심을 부린다고 빨리 자라는 법이 없다. 콩나물을 빨리 자라게 하려고 물을 너무 자주 주면 어떻게 될까? 물을 필요한 양만큼만 흡수하고 나머지는 밑으로 흘려 보낸다지만 이것도 어느 정도지 너무 많이 주면 뿌리가 썩어 못 쓰게 되고 만다. 썩어버린 콩나물은 아무 짝에도 쓸모가 없다. 아이도 마찬가지이다. 아이가 흡수할 수 있을 만큼 적절한 학습량을 주어야 하는데 너무 많이 주면 아이는 힘들어한다. 이런 상태가 지속되면 아이는 배움에 대한 흥미를 완전히 잃어버리고 학습 무기력증에 빠진다. 요즈음에는 학습 무기력증에 빠진 아이들이 많은데, 그 원인을 보면 대부분 부모의 지나친 욕심 때문이다. 어려서부터 학습지를 지나치게 많이 시키거나 학원 등을 보내서 공부라면 치를 떨게 만들어놓은 경우가 많다. 욕심 부린다고 콩나물이 빨리 자라지 않듯이 욕심 부린다고 아이가 공부를 더 잘하는 것은 아니다. 부모의 지나친 욕심은 자칫 더 큰 화를 부를 수 있다.

둘째, 콩나물이나 아이나 많은 노력을 들여도 당장 표가 나지 않는다는 점이다. 콩나물에 힘들여서 물을 주고 나면 허무해진다. 물을 주었는데 물이 곧장 밑으로 다 빠져나오는 것 같기 때문이다. 도무지 고생한 보람이 없는 것처럼 느껴진다. 물을 주는 과정은 정말 귀찮고 힘들다. 하지만 이런 과정을 참고 견디면서 며칠 뒤에 보면, 어느새 훌쩍 자란 것을 볼 수 있다. 이때, 헛수고가 아니었다는 것을 발견한다. 아이도 이와 같다. 아무리 정성을 쏟고 사랑을 주어도 아이는 변하거나 자라지 않는 것 같다. 이 시기에는 너무나 큰 수고와 인내를 요한다. 콩나물의 주식은 물이어서 물만 주면 되지만, 아이의 주식은 부모의 땀과 눈물이고 그것을 사랑이라는 바가지에 퍼서 주지 않으면 제대로 자라지 않는다. 너무 힘겹고 어렵다. 하지만 어느 순간 보면 자기가 흘린 땀과 눈물을 먹고 잘 자라는 아이의 모습을 볼 수 있다. 아이는 부모님의 은근하고도 지속적인 사랑을 먹고 조금씩 커 간다. 절대 하루아침에 크지 않는다.

셋째, 콩나물이나 아이나 관심을 끊으면 금방 표시가 난다는 것이다. 귀찮다고 콩나물에 물주기를 게을리 하면 어떻게 되는가? 금세 잔뿌리가 나고 더 심해지면 시들어서 상품의 가치가 급격히 떨어진다. 아이에게서 부모의 사랑을 끊으면 아이가 어떻게 변하는가? 사랑을 받을 때는 표가 나지 않았는데 금세 표가 난다. 아이가 공격적으로 변하고 돌출 행동을 하기 시작한다. 어찌하든지 부모에게 받지 못한 사랑을 받기 위해 이상한 행동을 하기 시작한다. 부모의 사랑이 든 자리는 몰라도 난 자리는 표가 나는 것이다. 물을 제대로 공급받지 못한 콩나물은 상품성이 급격히 떨어지듯 부모의 사랑을 제대로 못 받은 아이는 사회성과 대인 관계 능력이 급격히 떨어지기 마련이다.

콩나물을 기르기가 귀찮고 힘들다고 바가지를 깨버리는 사람처럼 어리석은 사람은 없다. 마찬가지로 자녀가 말 안 듣고 힘들게 한다고 관계를 깨버리는 말과 행동을 하는 부모만큼 어리석은 부모도 없다. 콩나물도 온갖 정성과 관심을 기울여야 최상품을 얻거늘 우리 아이들이야 두말할 나위가 없다. 부모가 최선의 것을 줄 때 우리 아이들도 반드시 그 노고에 보답을 할 것이다.

현재 당신 인생의 시루에 자라고 있는 콩나물은 잘 자라는가? 너무 물을 많이 주어서 뿌리가 썩지는 않는가? 아니면 물을 너무 안 주어서 잔뿌리가 나지는 않는가?

1. 나의 욕심 때문에 아이가 흡수도 하지 못하는데 너무 과하게 시키고 있는 것은 무엇인가?

_____

_____

_____

_____

_____

_____

2. 한때는 정성으로 물을 주듯 사랑을 주었지만 표시가 나지 않는 것 같아서 지금은 포기한 것이 있는가?

_____

_____

_____

_____

_____

_____

3. 지금 당장은 효과가 나타나지 않지만, 분명 좋은 효과가 나타나리라 믿고 꾸준하게 자녀에게 주고 있는 사랑은 무엇인가?

_____

_____

_____

_____

_____

_____

_____

_____

좋은 부모 되기 위한 오늘의 선포

내 자녀에게 내 땀과 눈물을 사랑의 바가지로 잘 퍼서 줄 것이다!

📋 하루 중 가장 좋은 기회를 잡아서 자녀에게 반드시 속삭여주거나 문자로 보내자.

사랑하는 딸아! 날씨만큼 아름다운 하루 보내거라.

자랑스러운 아들아! 너만 생각하면 힘이 솟는단다.

✍ 구체적으로 적어보고 머릿속으로 1분 동안 그려보자.

잔뿌리 없이 미끈하게 잘 자란 콩나물처럼 잘 자라 있는 자녀 모습 상상해보기

✒ 물 한 방울은 미약하지만 바위를 뚫는다. 나의 작은 실천이 모여 내 자녀의 인생을 뚫을 것이다.

자녀가 힘들어하고 있는 짐 덜어주기

자녀가 하기 힘들고 어려워하는 것이 무엇인지 묻고 들어주기

👑 인생은 말한 대로 이루어진다. 가슴을 펴고 당당하게 외쳐보자.
　내가 좋은 부모가 되겠다고 선포하면 나는 이미 좋은 부모가 된 것이다.

나는 좋은 부모이다. 내 자녀는 행복하고 성공하는 인생을 살 것이다.

항상 너의 행복이 우선이다. 절대 욕심 안 내고 또 절대 포기하지 않을게.

나는 좋은 부모인가 나쁜 부모인가

자녀가 실패했다면 어떤 부모도 스스로를 위대하다고 생각하지 않을 것이다. 그만큼 자녀는 부모에게 최종적인 인생의 결과물이라고 할 수 있다. 가지 많은 나무에 바람 잘 날 없다는 말도 있듯이 많은 자녀를 훌륭하게 키워낸 부모는 주위의 부러움을 한 몸에 산다.

자녀를 훌륭하게 키워내기 위해서는 외부 환경도 좋아야겠지만 무엇보다 중요한 환경은 부모이다. 세상이 아무리 변하고 좋은 교육 이론이 등장하더라도 부모만큼 많은 영향을 줄 수는 없다. 물론 반대의 경우도 마찬가지이다. 자녀의 주변 환경이 아무리 나쁘다 한들 나쁜 부모보다는 덜할 것이다.

좋은 부모는 아이에게 좋은 영향을 준다. 그런데 많은 부모가 좋은 부모가 되고자 했으나 원하지 않는 방향으로 이끌려간다. 왜 그럴까? 필자는 부모들이 자기의 지체들을 잘못 사용해서 그렇다고 생각한다. 즉, 부모의 눈, 입과 귀, 손발과 같은 지체들을 자녀들에게 잘못 사용하기 때문인 것이다. 이 지체들을 사용하는 모습을 보면 좋은 부모인지 나쁜 부모인지 분명하게 드러난다. 하나씩 잘 살펴보면서 자신이 좋은 부모인지 나쁜 부모인지 생각해보자.

첫째, 좋은 부모의 눈은 아이의 장점을 찾지만 나쁜 부모의 눈은 아이의 단점을 찾는다. 우리의 눈은 자기 안에 있는 들보는 보지 못하면서 남의 눈에 있는 티는 잘 찾아내는 아주 탁월한 능력을 지녔다. 그래서 보통 사람들의 눈은 남의 장점보다는 단점을 아주 기가 막히게 찾아낸다. 그런데 이런 습성이 자녀와의 관계에서도 나타난다는 것이 문제이다. 자녀의 모습을 바라보노라면 어쩌면 그렇게 단점이 눈에 잘 띄는지, 국어를 100점 받고 수학을 80점 받아 오면 국어 100점은 잘 보이지 않고 수학 80점이 크게 보이는 것이다. 그러나 국어 100점 받은 것을 크게 볼 줄 알아야 좋은 부모다. 좋은 부모가 되려면 당신의 눈에서 자녀에 대한 비난의 안경을 벗어야 한다. 자녀를 긍휼하게 바라보면 장점들이 보이기 시작할 것이다. 또한 TV에서 눈을 떼고 자녀의 눈을 바라본다면 행복을 볼 수 있을 것이다. 당신의 삶 속에서 TV를 보는 시간의 1/100만이라도 자녀의 눈을 바라본다면 당신 자녀의 인생이 바뀔지도 모른다.

둘째, 좋은 부모의 귀는 경청하지만 나쁜 부모의 귀는 건성으로 듣는다. 상담의 가장 기본은 '들어주기'이다. 잘 들어주기만 해도 문제의 반은 해결된다고 한다. 맞는 말이다. 사람들은 누구나 자기의 말을 경청해줄 사람을 찾고 있다. 자기와 눈을 맞추고 고개를 끄덕여주며, 함께 웃고 울며 들어줄 사람이 필요한 것이다. 어른은 그 대상이 배우자이면 가장 좋고 아이에게는 부모이면 가장 좋다. 어렸을 때부터 자녀의 말을 잘 들어주다보면 사춘기가 되어서도 자기의 고민을 부모에게 털어놓기 마련이다. 하지만 어렸을 때부터 자녀의 이야기에 경청하지 않으면 청소년이 되어 문제가 생겨도 부모와의 대화는 외면한다. 어린 자녀일수록 집에만 오면 종알종알 부모에게 이야기를 한다. 그럴 때 하던 일을 멈추고 들어줘야 한다. 정보를 캐내기 위해서가 아니라 마음을 이해하기 위해 듣는 것이다. 자녀와 대화가 없는 사람이라면 자신이 자녀의 말에 얼마나 귀를 기울여 듣는지부터 살펴봐야 할 것이다.

셋째, 좋은 부모의 입은 칭찬하지만 나쁜 부모의 입은 비난과 정죄를 쏟아낸다. 우리는 자녀에게 할 말은 하지 않고, 하지 말아야 될 말을 많이 쏟아낸다. 칭찬과 축복은 하루에 한 번도 하지 않으면서 비난은 입에 달고 산다. 칭찬은 "잘했다"라는 말 한 마디로 짧게 하면서 비난은 구체적으로 아주 길게 한다. 좋은 부모가 되려면 칭찬은 길게 하고 비난은 짧게 해야 한다. 그러면 당신의 자녀는 당신의 칭찬 샤워를 받고 바르게 쑥쑥 클 것이다.

넷째, 좋은 부모의 손은 먼 곳을 가리키지만 나쁜 부모의 손은 지시만 한다. 아빠가 TV를 보면서 자녀에게 손으로 "물 가져와라" "들어가서 공부해라"라고 지시하면 자녀를 바르게 키울 수 없다. 이런 손은 나쁜 손이다. 하지만 머리를 쓰다듬어주고 등을 토닥거려주면서 자녀의 미래를 가리키는 손은 좋은 손이다. 손을 신문 넘기는 데만 사용하지 말고 자녀에게 책을 읽어주며 책장을 넘기는 데 사용해보라. 자녀가 나중에 컸을 때 가장 감사한 일로 기억해줄 것이다. 신문을 넘기면 당신의 머리에 한 달 뒤면 쓸모가 없어지는 정보가 쌓이지만 자녀의 책장을 넘기면 자녀의 머리에 지혜와 추억이 쌓일 것이다.

다섯째, 좋은 부모의 발은 옳지 못한 것으로부터 도망치고 돌이킬 줄 알지만, 나쁜 부모의 발은 옳지 못한 것으로 달려가고 돌이킬 줄 모른다. 자녀들은 옳고 그름을 판단하는 기준을 학교 도덕 시간에 배우지 않는다. 부모의 삶을 보고 배운다. 부모가 가는 곳에 자녀도 갈 것이고 부모가 멀리하는 곳을 자녀도 멀리할 것이다. 당신이 부모로서 부끄러운 모습으로 살고 있다면, 자녀를 위해 돌이킬 줄 아는 용기를 내야 한다. 당신의 발로 디디고 서 있는 장소에 자녀도 똑같이 서 있을 것이다.

생각해보고 꼭 적어봅시다!

1. 나의 지체들을 잘 살펴보자. 좋은 부모의 지체로 사용되고 있는가? 나쁜 부모의 지체로 사용되고 있는가?

_____

_____

_____

_____

① 눈

나의 눈이 자녀를 바라볼 때 자녀의 좋은 점이 눈에 더 잘 띄는가? 아니면 나쁜 점이 더 눈에 들어오는가? 자녀의 안 좋은 점이 먼저 눈에 들어온다면 나는 자녀를 좀 더 불쌍하게 여겨야 한다.

② 귀

나는 자녀가 말할 때 경청하는가? 자녀가 말할 때 하던 일을 멈추고 눈높이를 맞추어주는가? 내가 자녀의 말에 귀 기울이면 자녀는 안정감을 누릴 것이고 다른 경청자를 찾아 헤매지 않을 것이다. 더욱 중요한 것은 내 자녀도 다른 사람에게 좋은 경청자가 되어 대인 관계가 좋아진다는 것이다.

③ 입

말로 받은 상처는 잘 아물지 않는다. 자녀에게 평생 상처로 남을 것이다. 훈계는 반드시 필요하지만 비난하거나 정죄하면서 하지 말자. 사람은 비난에 의해 변화되는 것이 아니라 칭찬과 인정에 의해 변화되는 존재다.

④ 손

손은 항상 긍정의 도구로 사용하라. 머리를 쓰다듬어주고 어깨를 두드려주며 안아주는 데 사용하라. 자녀에게 매질을 할 때는 회초리를 이용하고 절대 맨손으로는 하지 말라. 장엄한 오케스트라 음악이 지휘자 손끝에서 나오듯 자녀의 행복은 당신 손끝에서 나온다.

⑤ 발

　부모가 죄악으로부터 발을 멀리하는 것은 자신의 인생을 위해서도 필요하지만 자녀의 인생을 위해서도 반드시 필요한 일이다. 내가 서 있는 곳이 옳지 않은 곳이라면 자녀를 위해 돌이키자.

좋은 부모 되기 위한 오늘의 선포

내 자녀가 혹시 낙심했을 때라도 나 때문에 다시 살아날 것이다!

📋 하루 중 가장 좋은 기회를 잡아서 자녀에게 반드시 속삭여주거나 문자로 보내자.
사랑하는 딸아! 너는 어디를 가든지 환영받는 딸이 될 거야.
자랑스러운 아들아! 너는 어디를 가든지 존경받는 아들이 될 거야.

✏ 구체적으로 적어보고 머릿속으로 1분 동안 그려보자.
내 자녀가 자라서 어디를 가든지 환영받는 사람이 되어 있는 모습

✒ 물 한 방울은 미약하지만 바위를 뚫는다. 나의 작은 실천이 모여 내 자녀의 인생을 뚫을 것이다.
당신의 손을 긍정의 도구로 활용하기
자녀 어깨 토닥거려주기, 자녀 머리 쓰다듬어주기

👑 인생은 말한 대로 이루어진다. 가슴을 펴고 당당하게 외쳐보자.
　내가 좋은 부모가 되겠다고 선포하면 나는 이미 좋은 부모가 된 것이다.
나는 좋은 부모이다. 내 자녀는 행복하고 성공하는 인생을 살 것이다.
항상 사랑으로 보고 듣고 말하고 어루만지리라.

생수 같은 사랑인가 바닷물 같은 사랑인가

생수를 마시면 갈증을 풀 수 있지만 바닷물을 마시면 갈증이 더 심해질 뿐이다. 같은 물이지만 생수는 우리에게 흡족함을 주고 바닷물은 그렇지 못하다. 바닷물도 물은 물이지만 갈증을 풀어주기에는 적합하지 않은 것이다.

그런데 부모의 사랑도 이와 같은 이치이다. 부모가 자녀에게 생수와 같은 사랑을 주면 자녀는 그 사랑을 먹고 갈증이 풀려서 사랑에 목말라하지 않는다. 하지만 부모가 바닷물과 같은 사랑을 주면 자녀는 갈증이 풀리기는커녕 계속 목말라한다. 그리고 그 목마름을 해결하기 위해 자녀는 다른 사랑을 찾아 방황할 것이다. 이것은 사이가 좋은 부부는 서로에게 샘물이 되어주지만, 사이가 좋지 않은 부부의 경우 배우자로부터 받지 못하는 사랑의 갈증을 다른 곳에서 찾아 헤매는 것과 비슷하다. 부모는 사랑을 주되 좋은 사랑을 주어야 하고 제대로 된 사랑을 주어야 한다. 즉 생수 같은 사랑을 주어야지 바닷물 같은 사랑을 주어서는 안 된다.

자신의 자녀를 사랑하지 않는 부모는 없다. 그런데 많은 자녀는 부모가 자신을 사랑하지 않는다고 느낀다. 왜 그럴까? 그것은 바로 부모가 바닷물과 같은 사랑을 주기 때문이다. 바닷물은 무늬는 물이지만 물이 지녀야 할 능력, 즉 갈증을 해소해주지는 못한다. 그러면 어떤 것이 바닷물과 같은 사랑일까? 어떤 사랑이 부모들은 생수라고 생각하고 주는데, 알고 보니 바닷물과 같은 나쁜 사랑이라는 말인가? 바닷물과 같은 사랑은 다음과 같은 요소들을 포함하고 있다.

첫째, 과잉보호이다. 요즈음 부모들이 범하는 대표적인 바닷물 사랑이다. 자녀가 하나, 많으면 둘이기 때문에 생겨난 병폐인 것이다. 이 과잉보호 사랑은 우리 아이들을 무기력하게 만든다. 스스로 아무것도 할 수 없는 아이로 만드는 것이다. 또한 도전 정신이나 모험 정신과는 거리가 먼 아이로 만들기 쉽다. 이런 아이들의 특징은 숙제, 몸 씻기, 옷 입기 등 자기 스스로 할 줄 아는 것이 별로 없다. 왜냐하면 어렸을 때부터 부모가 다 해주었기 때문이다. 이런 과잉보호라는 바닷물을 너무 많이 마신 아이들의 별명이 '마마 보이' '마마 걸'이다. 이런 아이들은 나중에 어른이 되어 결혼을 해도 배우자와 갈등을 일으킨다. 왜냐하면 배우자에게 자기 부모 역할을 기대하기 때문이다.

둘째, 편애이다. 편애는 사랑을 받는 자녀나 받지 못하는 자녀 모두에게 좋지 않다. 편애를 받는 아이는 자기밖에 모르는 이기적이고 교만한 사람이 되기 쉽다. 반면에 편애를 받지 못하는 아이는 거절감, 열등의식, 비교의식, 분노와 같은 상처를 받는다. 부모도 사람인 이상 더 애정이 가는 자녀가 있기 마련이다. 마음이 더 가는 자녀를 대할 때보다 마음이 덜 가는 자녀를 대할 때 의식적으로 사랑을 표현하려고 노력해야 한다. 그리고 부부가 자녀의 편애 문제에 대해 이야기를 많이 주고받으면서 상대적으로 덜 사랑받는 자녀가 상처받지 않도록 노력해야 한다.

셋째, 무절제한 사랑이다. 아이가 해달라면 다 해주는 사랑을 말한다. 하지만 아이가 요구한다고 다 해주면 아이는 절제와 감사를 배우지 못한다. 예를 들어 자전거를 사 달라고 해서 곧바로 사 준다면 아이는 당장은 좋아하겠지만, 그 자전거에 대해 남다른 애착이나 감사는 느끼지 못할 것이다. 더욱 중요한 것은 세상일이 이처럼 쉽게 이루어지지 않는다는 것이다. 모든 일은 일정 정도 이상의 인내를 요구한다. 그래서 생각이 있는 부모라면 자전거를 당장 사 주지 않고 인내하고 기다리는 훈련의 기회로 삼을 것이다. 이런 절제된 사랑을 받은 아이가 커서 인내하고 절제할 줄 아는 사람이 되는 것이다.

넷째, 조건부 사랑이다. 조건부 사랑이란 부모가 자녀에게 사랑을 베풀기 전에 어떤 조건들을 붙이는 것을 말한다. 예를 들면 "말 안 들으면 엄마 딸 아니야" "공부 잘해야 아빠 딸이지"와 같은 표현들은 자녀가 사랑받기 위해 선행해야 하는 대표적인 조건부 사랑이다. 자꾸 이런 식의 조건부 사랑을 받으면 인색하고 계산적인 사람이 되기 쉽다. 물론 가끔은 이런 사랑이 필요할 때도 있지만, 자녀의 마음에는 근본적으로 '부모님은 누가 뭐래도 날 사랑한다'라는 믿음이 자리하고 있어야 한다.

마지막으로 완벽주의 사랑이다. 이 사랑은 자녀에게 끊임없이 "다음에는 더욱 잘해야 한다" "조금만 더 잘하면 좋겠다"와 같이 늘 요구를 한다. 따라서 이런 부모의 눈에는 자녀의 현실이 항상 2% 부족한 듯 보인다. 이런 부모의 사랑을 받으면 자녀는 심한 좌절감을 맛보게 된다. 아무리 노력해도 부모의 기준을 만족시킬 수 없어서 심한 좌절감에 빠지기 쉽고 심하면 자포자기로 이어진다. 또한 완벽주의 사랑을 하는 부모들의 경우 칭찬에 매우 인색하기 때문에 이런 부모 밑에서 자라는 자녀는 항상 칭찬에 목말라 있다.

이제까지 소개한 과잉보호, 편애, 무절제한 사랑, 조건부 사랑, 완벽주의 사랑은 대표적인 바닷물과 같은 사랑이다. 이런 사랑은 아무리 많이 주고, 주는 데 많은 수고를 하더라도 잘못된 사랑이다. 당신의 사랑은 어떤가? 생수 공장 공장장 같은 부모가 되기 위해 노력하자.

생각해보고 꼭 적어봅시다!

1. 내 안에 어떤 상처가 있다면 많은 경우 부모의 잘못된 사랑 때문에 상처를 받았을 확률이 높다. 부모가 나에게 잘못된 사랑을 주었다면 어떤 사랑인지 생각해보고 그로 인해 내 안에 생긴 상처를 한번 생각해보자.
2. 많은 경우 부모가 했던 잘못을 자신도 하게 된다. 나의 부모가 나

에게 했던 잘못된 사랑을 혹시 내 자녀에게도 하지는 않는지 생각
해보자.

3. 과잉보호, 편애, 무절제한 사랑, 조건부 사랑, 완벽주의 사랑 가운
   데 나는 어디에 해당하는가? 그리고 그것을 극복하기 위해 어떻게
   해야 하는지 적어보자.

좋은 부모 되기 위한 오늘의 선포
내 자녀에게 생수 같은 제대로 된 사랑을 공급하는 부모가 될 것이다!

📋 하루 중 가장 좋은 기회를 잡아서 자녀에게 반드시 속삭여주거나 문자로 보내자.

사랑하는 딸아! 너는 즐겁고 행복한 인생을 살 거야.

자랑스러운 아들아! 인생은 한 번 살아볼 만하단다. 멋있게 한번 살아보거라.

✍️ 구체적으로 적어보고 머릿속으로 1분 동안 그려보자.

부모의 생수 같은 사랑을 받고 생수 같은 사랑을 공급하는 사람으로 살아가는 모습

💧 물 한 방울은 미약하지만 바위를 뚫는다. 나의 작은 실천이 모여 내 자녀의 인생을 뚫을 것이다.

자녀와 좋은 추억 만들기

자녀와 같이 자전거 타기, 씨름하기, 요리하기, 영화보기 등등

👑 인생은 말한 대로 이루어진다. 가슴을 펴고 당당하게 외쳐보자.
    내가 좋은 부모가 되겠다고 선포하면 나는 이미 좋은 부모가 된 것이다.

나는 좋은 부모이다. 내 자녀는 행복하고 성공하는 인생을 살 것이다.

항상 내 욕심을 채우는 사랑을 경계하리라.

반복되는 말은 반드시 열매를 맺는다

필자가 6학년을 담임할 때 어떤 여자아이가 말끝마다 친구들에게 "재수 없어! 꺼져버려"라고 말했다. 친구들도 그 말을 듣기 싫어했고 이 아이와 짝꿍하기 싫다고 하소연까지 했다. 물론 교사인 필자의 귀에도 매우 거슬리는 말이었다. 그런데 나중에 알고 보니 이 말은 부부싸움 할 때 엄마가 아빠에게 퍼붓는 말이었다. 물론 아이에게 화가 났을 때에도 단골로 등장하는 말이었다. 그 말이 가슴에 새겨져서 이 아이도 화가 나고 심사가 뒤틀릴 때 "재수 없어! 꺼져버려"라고 내뱉 았던 것이다.

이 아이처럼 대부분의 아이는 부모님의 언어 습관을 그대로 닮는 다. 일상의 반복은 엄청난 결과를 가져오곤 한다. 마치 오랫동안 지 속적으로 바위 위에 떨어지는 물이 결국 바위에 구멍을 내듯이 말이 다. 부모의 말은 우리 자녀의 인생 바위에 구멍을 뚫는 낙수와도 같 다. 한두 번으로는 위력이 나타나지 않지만 좋은 말이든 나쁜 말이든 간에 수만 번 반복되면 그 말은 결국 자녀의 인생을 관통하게 된다.

필자도 어렸을 때 아버지에게 인생을 관통하는 말을 들었다. 아버 지는 말끝마다 "아빠는 재환이 믿으니까"라고 하셨다. 그 말이 필자의 가슴에 그렇게 와 닿을 수가 없었다. 어린 마음에도 그렇게 믿어주는 아버지에게 실망을 드리지 말아야겠다는 생각이 들곤 했다. 내 인생이 곁길로 가지 않고 곧게 올 수 있었던 것은 아버지의 "아빠는 재환이 믿으니까"라는 말 덕분이었다.

어떤 아이에게 엄마 아빠에게 편지를 쓰라고 하면 항상 자기 이름 앞에 이런 수식어를 붙이곤 했다. '아빠의 금쪽같은 딸' '엄마의 금쪽같은 딸' 이라고 말이다. 신기해서 그 아이에게 물었더니 평소에 엄마 아빠가 자기를 그렇게 부른다는 것이었다. 필자는 그 아이의 부모가 말의 위력을 제대로 깨닫고 아이의 인생을 좋은 곳으로 인도하고 있다는 생각이 들었다. 필자는 분명 그 아이가 금쪽같이 귀한 사람이 될 것이라고 믿는다. 그 아이가 성인이 될 때까지 '금쪽같이 귀한 딸 ○○' 라는 말을 아마 수만 번은 들을 것이다. 그 말을 들을 때마다 아이는 금쪽같이 귀한 사람이니 금쪽같이 귀한 인생을 살아야지 하고 결심할 것이다.

인디언 속담에 이런 말이 있다. '어떤 말을 10만 번 하면 그 일이 이루어진다.' 이는 자주 쓰는 말의 위력이 얼마나 강한지 보여주는 말로, 말은 반드시 열매를 맺는다는 의미일 것이다.

부모가 자주 사용하는 말은 자녀의 인생을 만들어가고, 한 사회에서 많이 사용하는 말은 그 사회 분위기를 지배하고 만들어간다. 미국 아이들이 자라면서 가장 많이 듣는 말은 "다른 사람과 나누면서 살아라"라고 한다. 그래서 빌 게이츠나 워렌 버핏이 독지가가 된 것인지도 모르겠다. 일본 아이들이 가장 많이 듣고 자라는 말은 "다른 사람에게 폐를 끼치지 말라"라고 한다. 철저하게 남을 배려하는 일본의 문화는 다름 아닌 그들의 말의 힘에서 나온 것임을 알 수 있다. 한국 아이들이 가장 많이 듣고 자라는 말은 "다른 사람에게 기죽지 말라. 공부해라"라고 한다. 그래서인지 우리는 유독 경쟁심이 강하고 배려하는 문화가 부족한 듯싶다. 앞의 말만 좀 바꿨으면 좋겠다. "남을 도와주기 위해 열심히 공부해라"로 말이다.

당신은 자녀에게 어떤 언어를 사용하는가? 그 언어대로 아이의 인생이 빚어질 것이다. 그리고 말보다 더 중요한 것은 자녀에 대한 생각이다. 왜냐하면 사람은 마음에 담긴 것을 말하기 때문이다. 당신 자녀의 인생은 당신의 생각과 말대로 될 것이다.

생각해보고 꼭 적어봅시다!

1. 당신이 자녀에게 늘상 하는 말 중에서 자녀를 살리는 말과 죽이는 말이 있다면 한 가지씩만 적어보자.

① 자녀를 살리는 말

_____

_____

_____

② 자녀를 죽이는 말

_____

_____

2. 자녀에게 엄마 아빠가 하는 말 중에서 가장 듣기 좋은 말과 듣기
싫은 말은 무엇인지 물어보자. 듣기 좋은 말은 더 자주 해주려 노
력하고 듣기 싫은 말은 이를 악물고 참겠다고 다짐해보자.

3. '금쪽같은 내 딸 ○○' '축복의 통로 ○○' '아빠의 기쁨 ○○'
'보배 같은 ○○' '세상을 변화시킬 ○○'와 같이 자녀 이름 앞에
멋진 수식어를 붙여보자. 그리고 앞으로 자녀를 부를 때 그렇게 불
러보자.

① 자녀 이름 앞에 멋진 수식어 붙여보기

_____

_____

_____

② 수식어를 붙였으면 이름을 부를 때마다 수식어를 함께 넣어 불
러보자. 그러면 바위를 뚫는 물처럼 당신이 부르는 이름처럼 자
녀의 인생이 바뀔 것이다.

_____

_____

_____

4. 다음은 말과 관련한 격언들이다. 찬찬히 읽어보고 자녀가 꼭 새겼
   으면 하는 말은 예쁘게 써서 책상 앞에 붙여주자.

사랑이라는 이름으로도 잔소리는 용서가 안 된다.
좋은 말만 한다고 해서 좋은 사람이라고 평가받는 것은 아니다.
상대편은 내가 아님으로 나처럼 되라고 말하지 말라.
표정의 파워를 놓치지 말라.
적당할 때 말을 끊으면 다 잃지 않는다.
사소한 변화에 찬사를 보내면 큰 것을 얻는다.
립Lip 서비스의 가치는 대단히 크다.
내가 이 말을 듣는다고 미리 생각해보고 말해라.
지루함을 참고 말을 들어주면 감동을 얻는다.
눈으로 말하면 사랑을 얻는다.
덕담은 많이 할수록 좋다.
공치사를 하면 누구나 역겨워한다.
남의 명예를 깎아 내리면 내 명예는 땅으로 곤두박질친다.
자존심을 내세워 말하면 자존심을 상하게 된다.
잘못을 진심으로 뉘우치면 진실성을 인정받는다.
말의 내용과 행동을 통일시켜라.
상대에 따라 언어를 구사해라.
애교는 여자의 전유물이 아니다.
자기 자신을 재물로 사용해야 웃길 수 있다.
대화의 시작은 호칭부터.
대화의 질서는 새치기 때문에 깨진다.
무시당하는 말은 바보도 안다.
지나친 아첨은 누구에게나 역겨움을 준다.
말은 입을 떠나면 책임이라는 추가 달린다.
말 한마디에 정성이 실려야 한다.
다양한 문화를 인정하면 대화는 저절로 잘된다.
낯선 사람도 내가 먼저 말을 걸면 십년지기가 된다.
내 마음이 고약하면 남의 말이 고약하게 들린다.

단어 하나 차이가 남극과 북극 차이가 된다.
지적은 간단하게 칭찬은 길게 하라.
가르치려고 하면 피하려고 한다.
정성껏 들으면 마음의 소리가 들린다.
말 한마디에 누군가의 인생이 바뀌기도 한다.
비평하는 것보다 부탁하는 것이 실용적이다.
말도 연습해야 나온다.
말투는 내용을 담는 그릇이다.
속으로는 알면서도 속아주어라.
정성껏 들어주면 돌부처도 돌아본다.
지루함을 참고 들어주면 감동을 얻는다.
침묵이 대화보다 강한 메시지를 전한다.

좋은 부모 되기 위한 오늘의 선포

내 자녀는 내 말로 인하여 살아나고 격려받을 것이다!

▤ 하루 중 가장 좋은 기회를 잡아서 자녀에게 반드시 속삭여주거나 문자로 보내자.

사랑하는 딸아! 너의 입을 통해 많은 사람들이 행복하게 될 거야.
자랑스러운 아들아! 너의 입에서 나오는 말은 영향력 있는 말이 될 거야.

✍ 구체적으로 적어보고 머릿속으로 1분 동안 그려보자.

축복의 언어를 듣고 그 언어대로 커 있는 자녀 모습 상상하기

✔ 물 한 방울은 미약하지만 바위를 뚫는다. 나의 작은 실천이 모여 내 자녀의 인생을 뚫을 것이다.

자녀 이름 앞에 멋진 수식어 붙여서 10번 이상 불러보기
금쪽같은 내 딸 ○○, 축복의 통로 ○○, 세상을 변화시킬 ○○

♛ 인생은 말한 대로 이루어진다. 가슴을 펴고 당당하게 외쳐보자.
내가 좋은 부모가 되겠다고 선포하면 나는 이미 좋은 부모가 된 것이다.

나는 좋은 부모이다. 내 자녀는 행복하고 성공하는 인생을 살 것이다.
나는 항상 긍정의 말을 사용하는 인생을 살아갈 것이다.

Day 7

추억이 없는 아이가 가난하다

요즈음 아이들 대화를 가만히 들어보면 자기 집 자산 비교를 많이 한다. 그중에 가장 많이 묻는 것이 "너희 아파트 몇 평이냐?"와 "너희 집 차는 무엇이냐?"이다. 아파트가 40평 이상이 되고 수입차를 탄다고 하면 아이들 사이에서 부러움의 대상이 되기도 한다. 이런 대화는 초등학교 3학년 정도만 되어도 주고받는다. 어른들의 가치관이 그대로 아이들에게 반영된 것 같아서 씁쓸하다.

아이들이 이런 잘못된 가치관을 가진 것은 어른들의 책임이 크다. 수업 시간에 아이들에게 그리고 싶은 것을 그리라고 하면 돈을 그리는 아이가 한두 명이 아니다. 왜 돈을 그렸느냐고 물으면 "돈이 좋잖아요" "돈 많이 벌어서 갖고 싶은 것 다 사려고요"라고 말한다. 아쉽게도 "돈 많이 벌어서 남 도와주려고요"라고 말하는 아이는 거의 없다.

어른들이야 돈이 있으면 부자이고 돈이 없으면 가난하다고 치부할 수 있을지도 모르지만, 우리 아이들만큼은 돈을 기준으로 구분하고 싶지 않다. 돈이 많은 부모 밑에 있는 아이는 부자이고 그렇지 않으면 가난한가? 그렇지 않다. 돈보다는 추억이 없는 아이가 가난한 아이다. 돈은 기회를 만나면 많이 벌 수 있지만 추억은 시기를 놓치면 만들 수도 얻을 수도 없다. 우리 아이들에게 중요한 것은 돈이 아니라 추억이다.

추억은 어려움을 극복하게 하는 참 묘한 힘이 있다. 결혼 생활이 힘들 때 아름다웠던 연애 시절의 추억을 떠올리면 힘든 과정을 좀 더 잘 극복할 수 있는 것처럼 말이다. 이런 의미에서 어린 시절의 좋은 추억은 한 개인에게 있어서 활력이 솟아나게 하는 강장제와 같다.

어린 자녀가 아름답고 행복한 인생을 살아가길 소원한다면, 많은 유산을 물려주기보다는 좋은 추억을 만들어주기 위해 시간을 써야 한다. 돈을 벌기 위해 고민하고 애쓰는 것처럼 좋은 추억도 만들려고 고민하고 애써야 한다. 자녀가 장성했을 때 유산을 많이 남겨준 부모보다는 좋은 추억을 많이 만들어준 부모에게 훨씬 감사하며 살 것이다.

추억을 만들기 위해서는 시간을 함께 보내야 한다. 시간을 보내지 않으면 추억을 만들 수 없기 때문이다. 시간을 내서 아이와 여행을 가거나 아이에게 편지를 써보자. 아이와 함께 자전거도 타고 영화도 보자. 아이와 함께 요리도 하고 봉사활동도 해보라. 아이에게 생일 이벤트를 해주고 같이 운동 경기를 보러 가고 낚시를 해보라. 이렇게 아이와 함께하는 시간이 많으면 많을수록 아이의 기억 창고에는 추억이 하나하나 쌓여갈 것이다. 그리고 그 추억들은 나중에 아이들에게 삶의 원동력이 될 것이다. 내일로 미루지 말고 오늘부터 아이와 좋은 추억을 만들어보자. 아이는 기다려주지 않는다. 우리에게 주어진 13년의 유예기간은 금방 지나갈 것이다.

1. 나는 자녀에게 좋은 추억을 만들어주기 위해 얼마나 노력하고 있는가? 혹시 바쁘다는 핑계로 아이와 시간 보내기를 차일피일 미루지는 않는가? 아이와 놀아주기로 약속했는데 지키지 못했다면 지금 그 약속을 지키자.

_____

_____

_____

_____

2. 자녀와 함께했던 시간 중에 어느 순간이 가장 좋은 추억으로 자리 잡고 있는가? 자녀에게도 물어보자. 그리고 자녀에게 최근 1년 동안 가장 기억에 남는 추억이 무엇인지 물어보자. 없다면 추억 만들기에 나서라.

_____

_____

_____

_____

3. 추억은 함께하는 시간이 많을수록 많이 만들어진다. 자녀와 되도

록 많은 시간을 같이 보내라. 그러나 하루 종일 TV를 함께 보는 것은 아무 추억이 되지 못한다. 자녀와 함께 등산을 하는 것은 좋은 추억이 될 수 있다. 기억하라. 자녀는 좋은 추억을 많이 만들어준 부모를 평생 기억할 것이다.

좋은 부모 되기 위한 오늘의 선포

행복하고 아름다운 추억을 많이 심어주는 부모가 될 것이다!

📋 하루 중 가장 좋은 기회를 잡아서 자녀에게 반드시 속삭여주거나 문자로 보내자.

사랑하는 딸아! 너와 함께했던 시간은 엄마에게는 모두 소중한 추억이란다.
자랑스러운 아들아! 아름다운 추억이 가득한 인생이 되기를 바란다.

✏️ 구체적으로 적어보고 머릿속으로 1분 동안 그려보자.

자녀가 장성한 후 부모님께 좋은 추억을 많이 만들어줘서 고맙다고 고백하는 모습 상상하기

💧 물 한 방울은 미약하지만 바위를 뚫는다. 나의 작은 실천이 모여 내 자녀의 인생을 뚫을 것이다.

자녀와 좋은 추억 만들기
엄마와 딸, 아버지와 아들 단둘이서 의미 있는 시간 갖기

👑 인생은 말한 대로 이루어진다. 가슴을 펴고 당당하게 외쳐보자.
   내가 좋은 부모가 되겠다고 선포하면 나는 이미 좋은 부모가 된 것이다.

나는 좋은 부모이다. 내 자녀는 행복하고 성공하는 인생을 살 것이다.
내 자녀는 좋은 추억을 간직한 아름다운 인생을 살 것이다.

사랑의 코드를 찾아라

'교육의 시작은 머리 한 번 쓰다듬어주는 것으로 시작한다' 라는 말이 있다. 교사로서 이 말이 사실이고 정말 좋은 것은 알지만 실천하기란 보통 어려운 일이 아니다. 깨어 있지 않으면 아이들과 눈길 한 번 맞추지 못하고 지나갈 때가 한두 번이 아니다. 하지만 가끔 작심을 하고 아이들 머리를 한 번씩 쓰다듬어주곤 한다. 그러면 아이들 반응이 각각 다르다. 어떤 아이는 일기에다 선생님이 자기 머리를 매일 쓰다듬어주었으면 좋겠다고 적는 아이가 있는 반면에 어떤 아이는 시큰둥한 반응을 보인다. 왜 이런 현상이 생기는 것일까? 교사는 똑같은 마음을 담아서 머리를 쓰다듬어주는데 말이다. 한동안 이것 때문에 고민을 좀 했었는데 《사랑의 다섯 가지 언어》라는 책을 읽으면서 그 해답을 발견했다.

이 책에 보면 사람은 상대방이 나를 사랑하는지를 느끼는 방법이 다 다른데, 크게 다섯 가지 형태로 느낀다고 한다. 이 책에서는 느끼는 방법을 '언어' 라고 표현한다. 즉 사랑의 언어인 것이다. 스킨십이 사랑의 언어인 사람은 상대방이 나에게 스킨십을 해줘야 사랑한다고 생각한다. 선물이나 칭찬은 사랑이 아니라고 생각하고 잘 알아듣지 못한다는 것이다. 이 책에서 소개하는 다섯 가지는 시사하는 바가 커서 아이들 수준으로 각색해서 소개하겠다. 자기 자녀가 어떤 성향이 강한지를 파악하면서 읽으면 자녀를 양육하는 데 많은 도움이 될 것이다.

첫째, 칭찬이나 사랑이 담긴 말을 들을 때 상대방이 나를 사랑한다고 느끼는 아이들이 있다. '너 참 잘했어.' '너는 나의 기쁨이야.' '사랑해'와 같은 칭찬과 격려의 말을 들을 때 비로소 상대가 나를 사랑한다고 느끼는 것이다. 이런 아이들은 선물이나 스킨십보다는 말로 해주는 칭찬과 사랑의 표현이 훨씬 기분을 북돋워준다. 학교에서도 보면 교사의 칭찬 한 마디에 감동받아 생활이 바뀌는 아이들이 있는데 그런 아이들은 바로 사랑의 언어가 칭찬인 것이다. 필자의 조사에 따르면 여자아이보다는 남자아이가 칭찬의 언어에 약하며 여자아이는 사랑한다는 말을 듣기 좋아하는 것으로 나타났다.

둘째, 시간을 함께 보내줄 때 상대방이 나를 사랑한다고 느끼는 아이들이 있다. 이런 성향의 아이들은 부모가 함께 놀아준다거나 산책을 할 때 부모가 자신을 사랑한다고 느낀다. 그래서 부모가 자기와 함께 시간을 보내주면 '우리 엄마 아빠 최고'라고 말하곤 한다. 이런 성향의 아이들은 부모가 가는 곳이면 어디든지 따라가려고 한다. 부모와 오랜 시간을 보내면서 부모의 사랑을 확인하고 싶어 하는 것이다. 주로 여자아이들에게서 이런 성향이 많이 나타난다.

셋째, 부모가 용돈을 주거나 선물 등을 사 줄 때 자신을 사랑한다고 느끼는 아이들이 있다. 자기 생일에 부모가 무슨 선물을 해주었는지 유독 관심이 많고 용돈에도 관심이 많다. 보상을 주로 돈으로 요구하는 아이들이 이 성향에 속한다. 교사가 주는 연필 한 자루도 의미 있게 생각하는 아이들이 있다. 이런 아이들은 그 연필 한 자루를 선생님이 자신을 사랑한다는 증거로 생각한다. 이런 아이들은 부모가 자신의 생일날에 선물을 사 주지 않으면 난리가 난다. 선물을 못 받아서가 아니라 부모가 자신에게 사랑과 관심이 없다고 생각하기 때문이다. 이런 아이들은 자주 선물이나 용돈 등을 주면 부모에게 사랑받고 있다고 느낀다. 돈은 많은데 시간이 없는 부모들에게 딱 좋은 아이들인 셈이다.

넷째, 부모가 스킨십을 해줄 때 자신을 사랑한다고 느끼는 아이들이 있다. 이런 아이들은 백 마디 말보다 한 번 안아주고 뽀뽀해주고 어깨를 다독거려주는 것이 훨씬 더 효과가 있다. 여자아이들이 특히 많이 원하고 효과가 좋다. 또 부모에게 붙어서 자꾸 비비고 치대는 아이들이 있는데, 스킨십을 통해서 부모의 사랑을 확인하고 싶어서 하는 행동이다. 따라서 이런 아이는 다른 아이보다 더 안아주고 엉덩이를 두드려주고 머리를 쓰다듬어주어야 한다. 목욕을 자녀와 함께 하는 것도 매우 효과적이다.

다섯째, 부모가 나를 위해 봉사해줄 때 자신을 사랑한다고 생각하는 아이들이 있다. 부모가 내 방을 청소해준다거나 맛있는 요리를 해주는 등 부모의 봉사를 통해 사랑을 확인하는 것이다. 남자아이들에게 많이 나타나는 성향인데, 이 경우 부모의 육체적인 수고가 좀 따른다. 이 아이는 어질러진 책상을 치워주거나 자기 옷을 다려주는 모습을 보면서 부모에게 감동을 느낀다.

필자는 학년 초에 이런 아이들의 성향을 미리 파악해놓는다. 그리고 그 자료를 바탕으로 아이들에게 맞는 사랑의 언어를 전달한다. 헛다리 긁어주는 사랑을 하지 않고 가려운 곳을 제대로 긁어주기 위해서이다.

부모도 이러한 지혜를 갖는 것이 좀 필요할 듯싶다. 자녀는 부모와 시간 보내기를 원하는데 부모는 그것도 모르고 선물이나 사 준다면 빗나간 사랑일 수 있다. 부모는 아이의 사랑의 언어를 제대로 파악해야 한다. 당신의 자녀의 사랑의 언어는 무엇인가?

생각해보고 꼭 적어봅시다!

1. 내 자녀의 사랑의 언어는 무엇인가? 다음에 소개하는 간단한 설문을 통해 알 수 있다. 한번 예측해보고 자녀에게 확인해보자.

설문) 다음 중 부모님이 가장 사랑스럽게 느껴지는 경우를 순서대로 두 가지만 고르세요. (   )

① 부모님이 너 참 잘했어, 넌 할 수 있어, 너 멋있구나, 너는 나의

기쁨이야, 사랑해와 같은 말을 해줄 때

② 부모님이 함께 놀아주거나 나와 같이 산책을 해주거나 시간을 함께 보내줄 때

③ 부모님이 용돈을 주거나 선물을 사 주었을 때

④ 부모님이 머리를 쓰다듬어주거나 어깨를 다독거려주거나 안아줄 때

⑤ 부모님이 맛있는 음식을 해주거나 내 방을 청소해주거나 옷 등을 다려줄 때

2. 위 설문의 결과가 내가 예측한 대로 나왔는가? 전혀 의외의 결과가 나왔다면 나의 자녀는 그 부분에 대해 굉장히 목말라 있을 확률이 크다. 앞으로 자녀를 위해 내가 해줄 수 있는 구체적인 방법을 두 가지만 적어보자. 그리고 꾸준히 실천하자.

_____

_____

_____

_____

_____

_____

_____

3. 배우자에게도 1번 내용을 물어보자. 그리고 그 결과에 따라 배우자가 원하는 언어로 사랑을 표현해보자. 사랑의 언어에 대해 더 구체적으로 알고 싶다면 《사랑의 다섯 가지 언어》라는 책을 구해서 읽어보자.

좋은 부모 되기 위한 오늘의 선포

나는 자녀에게 기쁨을 주는 부모가 될 것이다!

📖 하루 중 가장 좋은 기회를 잡아서 자녀에게 반드시 속삭여주거나 문자로 보내자.

사랑하는 딸아! 너는 참 지혜로운 여자가 될 거야.

자랑스러운 아들아! 모든 사람들에게 존경받는 사람이 될 거야.

✐ 구체적으로 적어보고 머릿속으로 1분 동안 그려보자.

자녀가 지혜가 넘치고 존경받는 사람으로 자란 모습 상상하기

💧 물 한 방울은 미약하지만 바위를 뚫는다. 나의 작은 실천이 모여 내 자녀의 인생을 뚫을 것이다.

사랑의 언어 설문지를 통하여 자녀의 사랑의 언어 파악하기

배우자의 사랑의 언어도 알아보고 사랑 표현해주기

👑 인생은 말한 대로 이루어진다. 가슴을 펴고 당당하게 외쳐보자.
　내가 좋은 부모가 되겠다고 선포하면 나는 이미 좋은 부모가 될 것이다.

나는 좋은 부모이다. 내 자녀는 행복하고 성공하는 인생을 살 것이다.

네 사랑의 코드로 답하는 따뜻한 부모가 될 것이다.

오늘 자녀에게 무슨 칭찬을 해주었는가

아이들에게 부모님께 하고 싶은 이야기를 적어보라고 하면 가장 많이 등장하는 것이 엄마 아빠가 서로 싸우지 말라는 것과 함께 놀아 달라는 것, 그리고 꾸중만 하지 말고 칭찬 좀 해달라는 것이다. 이 세 가지에서 자유로운 아이는 한 명도 없는 듯하다. 그만큼 이 세 가지는 우리 아이들에게 절실한데, 이는 현실 속에서 채워지지 않는 부분들이라 할 수 있다.

이 세 가지 중에 그래도 부모가 힘들이지 않고 해줄 수 있는 것이 칭찬이 아닌가 싶다. 부부가 살다 보면 싸울 일이 반드시 생기고 그로 인해 부부 싸움을 하게 된다. 또한 직장 일이 바쁘다 보면 아이와 제대로 놀아줄 수 없는 경우도 많다. 아마 이런 것들은 아이가 어른이 되면 그때 엄마 아빠가 바빠서 그랬구나 하면서 이해할 수 있을지도 모른다. 하지만 칭찬은 경우가 다른 것 같다. 거의 대부분의 아이들이 칭찬에 목말라하고 있다. 칭찬 대신에 꾸중과 무시가 그 자리를 대신하고 있는 듯하다. 다음에 소개하는 글은 초등학교 4학년 아이가 엄마에게 하고 싶은 이야기를 쓴 글 중 일부이다. 우리 아이들 마음을 정말 적나라하게 표현한 편지라는 생각이 든다.

엄마는 내가 "난 평균이야! 꼴찌는 아니야!"라고 말하면 언제나 "평균이 꼴찌지 뭐야?"라고 말씀하신다. 그럼 난 속으로 '평균은 대부분의 아이들이 맞는 점수라는데, 그럼 우리 반 아이들은 다 꼴찌겠네!'라고 생각한다. 난 엄마가 제발 그러지 않았으면 좋겠다. 점수가 좋아도 엄마는 이렇게 말씀하신다. "우연일 뿐이야." 수학 경시대회에서 최우수상을 타도 "어쩌다 한 번?"이라고 말씀하신다. 점수를 좋게 받아도 시큰둥, 점수를 나쁘게 받아도 시큰둥, 나보러 어떻게 하란 말인가? 엄마! 제발 기분이 좋으면 "잘했다" 하면서 웃어주시면 안 돼요? 만날 우연히 그런 거라고 하지 마시고요. 네? 그래도 잊지 마세요. 전 항상 엄마를 사랑해요.

이 아이는 공부가 상위권이고 얼굴도 예쁘고 춤도 잘 추는 등 잘하는 것이 많은 아이다. 그런데 아이에게 이런 상처가 있다는 것을 글을 보고 알았다. 이 아이의 절규는 제발 칭찬 좀 해달라는 것이다. 칭찬을 받고 싶은데 아무리 해도 '우연히 그랬지'라는 비아냥이 돌아오니 분노가 쌓인 것이다. 그런데 이런 일은 이 아이뿐만 아니라 다른 아이들에게도 해당된다. 아이들 말을 들어보면 100점 맞아도 칭찬을 안 해준다고 한다. "잘했다"는 말 한 마디로 끝난다는 것이다. 그런데 점수가 좀 낮으면 엄마에게 잔소리 원자폭탄을 맞고 종아리에서 피가 난다고 한다. 아이들은 60점 맞아서 1시간 혼이 났으면 100점 맞았으면 1시간 칭찬을 받아야 공평하다고 생각한다. 그런데 칭찬은 10초이고 꾸중은 1시간이니 아이들로서는 당연히 불만스러울 것이다.

아이들에게 100점짜리 시험지를 나눠주면 가방에 넣지 않고 손에 들고 간다. 자랑하고 칭찬받고 싶기 때문이다. 현관문에 들어서자마자 아이는 포효한다. "엄마! 나 수학 100점 받았어." 이 상황에서 엄마는 같이 흥분해주고 기뻐해주면 된다. 그래야 다음에 아이가 또 그 기분을 느끼기 위해 100점 받으려고 노력할 것 아닌가? 그런데 앞서 소개한 편지 속의 엄마와 똑같은 반응을 보이는 엄마들이 의외로 많다. "어쩌다가 네가 100점을 다 받았니?" 또는 "너희 반에 100점 몇 명이니?" "국어는 몇 점 받았어?"와 같은 말로 아이의 기분을 망쳐버린다.

실제로 공부를 못하고 안 하는 아이들을 가만히 살펴보면 능력이 부족한 아이는 거의 없다. 다만 부모들이 적절하게 칭찬을 안 해주거나 칭찬보다는 꾸중을 많이 해서 잠재 능력이 안에서 깨어나지 못한 경우가 대부분이다. 자녀 교육에서 절대 빠져서는 안 되는 것이 있다면 바로 칭찬이다.

아이들은 칭찬받기 위해 공부한다고 해도 과언이 아니다. 칭찬을 충분히 받고 자란 아이들은 자신감이 있고 긍정적인 사람이 된다. 칭찬은 자신이 외부로부터 인정받는 표시이므로 당연히 긍정적인 자의식 형성에 효과적이다. 또한 칭찬을 받으면서 자란 아이는 노력하는 아이가 된다. 자꾸 칭찬을 받고 싶기 때문이다. 이렇게 계속 노력하다 보면 성실성이 자기의 성품으로 굳어진다.

비싼 과외나 학원 보내서 성적 올릴 생각 하지 말고 칭찬 많이 해서 성적도 올리고 좋은 품성도 갖게 하자. 당신은 오늘 자녀에게 무슨 칭찬을 해주었는가?

생각해보고 꼭 적어봅시다!

1. 다음은 칭찬이라는 묘약의 사용 설명서이다. 칭찬도 잘하면 특효약이 되지만 잘못 사용하면 독이 될 수도 있다. 사용 설명서를 잘 읽고 자녀에게 알맞게 복용시켜보자.

〈사용 설명서〉

이 약은 삶의 의미를 잃고 우울한 사람에게 특히 효과가 있습니다. 하루에 세 번 꼭 잊지 말고 복용시키면 한 달 후에는 반드시 효과가 나타날 것입니다. 부작용은 없습니다. 다만 자녀가 이런 약을 전혀 먹지 않았다면 처음에 약간의 메스꺼움이나 두통을 호소할 수도 있습니다. 하지만 안심하고 계속 복용시키십시오. 다음과 같은 여섯 가지 원칙을 지키면서 복용시키십시오.

하나, 결과보다 과정을 칭찬한다.

엄마들은 아이가 이룬 성과에 대해서만 칭찬하는 경우가 많다. 그러나 결과에 대해서만 칭찬을 하면, 아이가 과정의 중요성을 대수롭지 않게 생각할 수 있다. 아이가 연필을 잡고 그림을 그렸을 때, "우리 아이 그림 잘 그렸네"라는 결과에 대한 칭찬보다는 "어머, 우리 아이가 그림을 열심히 그리더니 정말 잘 그렸네"라고 과정에 대한 언급하자. 아이는 열심히 최선을 다하는 과정의 중요성과 모든 가치가 결과에만 치중되지 않는다는 사실을 은연중에 깨닫게 된다.

둘, 구체적인 칭찬이 효과적이다.

칭찬 하나에도 엄마의 사랑이 녹아 있는지 아이는 느낄 수 있다. 아이의 행동에 대해 얼버무려 칭찬하면 칭찬의 약효를 떨어뜨릴 수 있다. 자꾸 그렇게 하면 아이들은 엄마가 칭찬을 해도 으레 그러려니 하는 식의 반응을 보인다.

따라서 "잘했어요" 혹은 "예쁘다" 등의 짧고 겉치레 같은 칭찬보다는 "오늘은 우리 아이가 알아서 숙제도 척척 하네"라는 식의 구체적인 칭찬을 해준다. 이런 구체적인 칭찬이 아이가 긍정적인 행동을 하도록 이끄는 데 훨씬 효과적이다.

단, 칭찬을 너무 자주 하면 수동적인 아이로 만들 수 있다는 것도 기억하자. 칭찬이 잦아지면 아이는 칭찬을 일상적인 말로 여기거나, 칭찬을 하지 않으면 아무것도 하지 않으려는 태도를 보인다.

셋, 규칙을 정해 선물로 보상한다.

칭찬 대신 아이가 좋아하는 물건을 상으로 주는 것도 좋다. 엄마는 아이가 좋아하는 물건의 리스트를 만들어 칭찬할 일이 있을 때 일주일, 혹은 한 달에 한 번씩 나름대로 규칙을 정해 선물로 보상하는 것이다.

그러나 아이가 너무 보상에만 의존하지 않도록 주의해야 한다. 보상에 익숙해진 나머지 보상이 주어지지 않으면 해야 할 일이 있어도 하지 않는 나쁜 버릇을 가질 수 있기 때문이다. 따라서 선물과 함께 말이나 스킨십으로 칭찬을 겸해주는 것이 바람직하다.

물건으로 상을 주는 횟수가 늘어나면 '칭찬 스티커'를 이용하는 것도 좋다. 즉시 보상하는 것이 아니라 칭찬받을 만한 일을 했을 때마다 예쁜 스티커를 주고, 스티커가 일정량 모였을 때 보상을 하는 것이다. 이런 방법은 보상의 요구가 잦은 아이들로 하여금 성취욕을 느끼게 하는 데 효과적이며, 보상이 있어야만 무언가를 하는 부작용을 없애는 데도 유용하다.

넷, 스킨십을 최대한 이용한다.

아이들은 엄마에게 안기는 것을 좋아한다. 동생이 생겨 엄마에게 안기는 기회가 줄어든 첫째가 시샘을 하고 동생을 미워하는 것도 이러한 아이들의 심리에서 오는 것이다.

아이에게 스킨십은 엄마의 사랑을 전하고, 용기를 주는 촉진제가 될 수 있다. 아이는 포옹이나 등을 두드려주는 행위를 통해서도 엄마가 전하고자 하는 마음을 알 수 있다. 그리고 자신이 사랑받고 있다는 것을 느낀다. 이러한 표현법은 아직 말을 할 수 없는 돌 전후의 아기들에게 적절하다.

아이가 난폭하거나 시끄러운 경우에도 엄마가 아이 곁에서 꼭 껴안아주거나 볼을 비비면서 "엄마는 우리 아기가 조용히 노는 게 더 좋은데" 하고 말하면, 말귀를 알아듣지 못하는 아이일지라도 엄마의 사랑을 느낄 수 있을 것이다.

다섯, 대중 앞에서의 칭찬은 약속이다.

사람이 많은 곳에서 아이를 칭찬하는 것은 '약속'과 같은 효과가 있다. 아이로 하여금 스스로 다짐하게 함으로써 긍정적인 행동이 더욱 오래 지속될 수 있도록 돕는다. 이러한 칭찬은 꼭 아이가 있을 때가 아니라도 좋다. 엄마가 아빠에게 아이가 잘한 일에 대해 칭찬하는 이야기를 아이가 우연히 들으면, 아이는 더욱 잘하려는 태도를 보인다.

여섯, 꾸지람보다는 칭찬을 먼저 한다.

칭찬을 한 후에 꾸중을 하면 훨씬 더 효과적이다. 즉, 아이가 그린 그림에 대해 "사람 얼굴이 이게 뭐니? 사람 얼굴은 동그랗게 그려야지" 하고 윽박지르기보다는 "어머, 우리 아기가 그린 사람은 눈이랑 코가 아주 예쁘네. 그런데 얼굴을 동그랗게 그리면 더 예쁘겠다" 하고 칭찬을 먼저 한 후에 고칠 것을 이야기해주는 것이 현명한 방법이다.

좋은 부모 되기 위한 오늘의 선포

내 혀에는 항상 자녀를 칭찬하는 언어가 가득할 것이다!

📃 하루 중 가장 좋은 기회를 잡아서 자녀에게 반드시 속삭여주거나 문자로 보내자.

사랑하는 딸아! 너는 행복하고 감사하는 사람이 될 거야.

자랑스러운 아들아! 너는 열정적으로 최선을 다하는 사람이 될 거야.

✍ 구체적으로 적어보고 머릿속으로 1분 동안 그려보자.

당신의 풍성한 칭찬을 받고 긍정적으로 잘 자란 아이 모습 상상하기

💧 물 한 방울은 미약하지만 바위를 뚫는다. 나의 작은 실천이 모여 내 자녀의 인생을 뚫을 것이다.

자녀에게 칭찬의 묘약 복용시키기

자녀의 잘하는 점 구체적으로 칭찬해주기, 다른 사람 앞에서 자녀를 자랑하고 칭찬해주기

👑 인생은 말한 대로 이루어진다. 가슴을 펴고 당당하게 외쳐보자.
　내가 좋은 부모가 되겠다고 선포하면 나는 이미 좋은 부모가 된 것이다.

나는 좋은 부모이다. 내 자녀는 행복하고 성공하는 인생을 살 것이다.

나는 항상 남의 좋은 점을 칭찬하는 사람이 될 것이다.

교사를 불신하고 있는가

2002년 노벨 화학상을 수상한 '다나카 고이치田中耕一'는 세상을 놀라게 한 사람이다. 왜냐하면 다나카 고이치는 교수나 박사가 아닌 학사 출신으로 평범한 중소기업의 연구원에 불과했기 때문이다. 아무 직함도 없는 평범한 사람이 노벨 화학상을 받은 것 자체가 큰 화제였던 것이다.

그러나 그와 관련한 화제는 여기서 끝나지 않았다. 다나카 고이치가 노벨상을 수상한 후에 초등학교 때 자기를 3년 동안이나 가르쳐준 은사 쿄조 선생님을 찾아간 것이 다시 한 번 세간의 화제를 모았다. 쿄조 선생님은 3년 동안 담임을 맡으면서 다나카 고이치의 뛰어난 소질을 발견하고는 질문을 받을 때마다 "다나카 군, 아이디어가 정말 훌륭하구나. 직접 실험해보고 내게 결과를 알려주렴"이라고 말하면서 아무리 엉뚱한 생각이라도 기꺼이 인정해주고 그 노력을 칭찬했다고 한다. 더욱 놀라운 것은 쿄조 선생님이 다나카에게 보여준 30년 전 교안에는 과학시간에 다나카가 어떤 질문을 했고 무엇을 잘했으며 어떤 아이디어를 냈는지 소상하게 적혀 있었다고 한다. 과연 그 제자에 그 스승이라는 말이 절로 나오는 에피소드가 아닐 수 없다.

노벨 화학상은 다나카 고이치가 받았지만 그 상을 받게 한 사람은 다름 아닌 쿄조 선생님이었다. 이렇듯 우리 주변에 훌륭한 일을 해낸 사람들 뒤에는 항상 숨은 조연이 있게 마련인데 대부분 교사 아니면 부모이다.

천재 물리학자로 칭송받는 아인슈타인도 예외가 아니다. 그는 고등학교 입학시험에서 수학을 빼고 몽땅 낙제를 받았다고 한다. 그런데 어느 날, 그 학교 선생님 한 분이 아인슈타인 아버지를 찾아와서 말했다. "댁의 아드님은 수학에 천재적인 소질을 갖고 있습니다. 부디 내년에 꼭 다시 시험을 치도록 해주세요." 아버지는 골칫덩어리 아들이 수학천재라는 말에 코웃음을 치며 고개를 저었다고 한다. 그러나 선생님은 아인슈타인을 다른 학교에 가입학시켰다가 1년 뒤 기어코 자기 학교로 불러들여서 위대한 과학자로서의 길을 열어주었다.

한 개인에게 있어서 이런 스승을 만난다는 것은 큰 행운이 아닐 수 없다. 사람의 만남 중에 가장 소중한 만남이 세 가지라고 한다. 부모와의 만남, 배우자와의 만남, 그리고 스승과의 만남이다. 어느 것 한 가지 중요하지 않은 만남이 있으랴만 이 세 가지 만남은 특히 더 그런 것 같다. 좋은 부모를 만났다는 것은 이미 좋은 인생을 시작했다는 것이고, 좋은 배우자를 만났다는 것은 그 좋은 인생을 아름답게 수놓는 것이고, 좋은 스승을 만났다는 것은 그 좋은 인생을 완성하는 것이다.

인생에서 성공하고 행복하게 살아가려면 좋은 스승을 만나야 한다. 그리고 좋은 스승을 만나기를 기다리지만 말고 애써서 찾고 만들어야 한다. 혹자는 이렇게 말한다. "존경할 만한 선생님이 있어야지…" 하지만 이렇게 말하는 사람은 시각을 조금 바꿀 필요가 있다. 초등학교부터 대학교를 거치는 동안 나를 가르쳐준 선생님은 최소 100명이 넘을 것이다. 그런데 그 가운데 자기가 스승으로 삼을 만한 사람이 없다면 다시 한 번 생각해볼 일이다.

자녀가 좋은 스승을 만나는 데 부모의 역할도 매우 중요하다. 아이들이 갖는 교사에 대한 선입견은 대부분 부모에 의해서 형성된다. 학년 초에 아이들을 대해보면 교사에 대한 기대감으로 가득 찬 아이들을 만날 수 있다. 그런 마음은 부모가 담임에 대해 긍정적으로 말하는 것을 아이들이 들어야만 가질 수 있다. 예를 들면 "너는 참 운이 좋구나. 그 선생님한테 배울 수 있는 기회를 얻다니"와 같은 말이다. 아이들이 부모에게 이런 말을 들으면 신뢰감과 존경심이 생겨서 교사의 말을 더욱 주의 깊게 듣기 때문에 성적도 오르고 생활 태도도 달라진다.

하지만 이와는 반대로 학년 초에 이미 교사를 불신하는 마음이 가득한 아이들도 있다. 그런 경우는 대부분 부모가 그 교사에 대해 부정적으로 말해서 아이들이 잘못된 이미지를 갖게 된다. 예를 들면 "아이고! 어떡하니? 그 선생님만 안 걸렸으면 좋겠다고 생각했는데… 이제 우린 망했다"와 같은 말로 담임에 대한 아이의 기대감을 한 번에 무너뜨리는 것이다. 아이가 부정적인 이미지를 갖게 되면 절대 교사를 신뢰하지 않기 때문에 그 교사가 무슨 말을 하든지 귓등으로 듣게 된다. 이런 아이가 성적이 떨어지는 것은 두말 하면 잔소리다.

교사에 대한 부정적인 말은 아이 앞에서는 절대 내뱉어서는 안 된다. 교사를 위해서가 아니라 아이를 위해서이다. 아이가 어릴수록 교사에 대한 부정적인 말은 치명적이다. 숙제의 양 때문에 불만이 있을 수 있고, 교사가 자녀를 대하는 태도가 불만스러울 수도 있다. 그렇지만 절대 아이 앞에서 내색하지 말아야 한다. 아이가 선생님께 들었다며 재미있거나 감동적인 이야기를 해주면 맞장구를 치면서 이렇게 말해라. "너희 선생님은 어쩜 그렇게 재미있고 훌륭하시니? 너는 참 좋겠다. 그렇게 훌륭한 선생님을 만나서 배우니 말이야."

교사에 대해 긍정적인 마음을 가지고 있는 아이들은 학교에 오고 싶어 하고 학교 생활도 즐겁게 한다. 성적도 오른다. 더 나아가서 그 선생님을 자기 인생의 스승으로 모실 수도 있다. 이런 과정에 도움을 주는 것이 바로 부모의 말이다.

당신은 자녀의 담임 선생님을 어떻게 생각하는가? 혹시 매번 아이와 함께 그 선생님을 욕하는가? 절대 그러면 안 된다. 지금 내 자녀를 맡고 있는 선생님이 다나카 고이치에게 있어서 쿄조 선생님 같은 분이 될지 누가 알겠는가 말이다. 모르면 몰라도 다나카의 부모님은 이렇게 말하지는 않았을 것이다. "너네 쿄조 선생님은 왜 만날 이상한 실험을 해 오라는 숙제를 내고 그러니?"

1. 나는 자녀 앞에서 주로 교사의 흉을 보는가? 아니면 칭찬을 해주는가? 만약 교사의 흉을 보고 있다면 이제 멈춰라. 자녀를 위해서 교사를 칭찬해줘라. 그러면 자녀는 교사의 말에 더욱 순종할 것이다. 교사를 칭찬하는 말을 적어보자.

_____

_____

_____

_____

2. 교사는 '보람을 먹고사는 존재'라고 한다. 자기가 가르치는 제자나 제자 부모에게서 감사의 메시지를 받으면 그렇게 힘이 날 수 없다. 내 자녀를 가르치는 교사에게 연락장이나 휴대폰 문자로 '감사합니다'라는 메시지 한번 날려보자. 그 혜택은 자녀가 받을 것이다. 선생님께 보낼 감사의 문자를 적어보자.

_____

_____

_____

_____

3. 나의 인생 가운데 좋은 기억으로 남아 있는 선생님이 분명 있을 것

이다. 그 선생님은 나에게 잔잔한 감동을 주었거나 인생의 획기적인 전환점을 마련해주었을지도 모른다. 이런 선생님을 자녀도 만날 수 있도록 도와주고, 이미 만났다면 그 선생님과 계속적인 만남을 갖도록 도와주어라. 좋은 사람에게 좋은 영향력을 받는 것은 인생에서 매우 소중한 일이다.

좋은 부모 되기 위한 오늘의 선포

나는 자녀 앞에서 선생님의 좋은 점만을 이야기하는 부모가 될 것이다!

📖 하루 중 가장 좋은 기회를 잡아서 자녀에게 반드시 속삭여주거나 문자로 보내자.

사랑하는 딸아! 부럽다. 좋은 선생님께 배우고 있으니 말이다.

자랑스러운 아들아! 너를 알아주는 좋은 선생님을 많이 만날 거야.

✍ 구체적으로 적어보고 머릿속으로 1분 동안 그려보자.

자녀를 가르친 선생님들의 가르침대로 잘 자란 자녀의 모습 상상하기

✒ 물 한 방울은 미약하지만 바위를 뚫는다. 나의 작은 실천이 모여 내 자녀의 인생을 뚫을 것이다.

자녀 앞에서 선생님 좋은 점 칭찬하기

자녀의 담임 선생님께 감사의 메시지 전하기

👑 인생은 말한 대로 이루어진다. 가슴을 펴고 당당하게 외쳐보자.
내가 좋은 부모가 되겠다고 선포하면 나는 이미 좋은 부모가 된 것이다.

나는 좋은 부모이다. 내 자녀는 행복하고 성공하는 인생을 살 것이다.

나는 내 자녀에게 인생의 좋은 스승이 될 것이다.

매일매일 자녀를 떠나보내라

아이들이 부모의 사랑과 관심과 보호를 받아야 하는 것은 분명한 사실이다. 또한 이런 역할을 제대로 하지 않는다면 부모의 직무 유기일 것이다. 하지만 부모의 사랑과 관심이 너무 지나쳐도 많은 문제를 유발한다.

학교 현장에서는 부모가 지나치게 아이의 삶에 간섭하고 챙기는 것을 자주 볼 수 있다. 숙제나 준비물을 번번이 가져다주는 부모가 있는가 하면 아주 사소한 문제조차도 아이 대신 부모가 결정하는 경우도 많다. 아이에게 지나치게 관심을 가지고 있는 부모도 많다. 항상 자녀의 주변을 맴돌면서 시간을 관리하고 챙기는 일명 '헬리콥터 부모'라는 사람들이 아마 이 범주에 속할 것이다. 좋게 보면 헬리콥터 부모들의 자녀 사랑과 관심이 남다르다고 할 수 있겠지만, 자녀 교육에 그다지 바람직하지는 않다. 헬리콥터 부모들은 많은 경우 가정을 부부 중심이기보다는 자녀 중심 가정으로 만든다. 이런 분위기 속에서 자라는 아이들은 부모의 전폭적인 관심이 점점 부담으로 작용하기 시작하고 가장 중요한 홀로서기를 하지 못한다.

자녀도 언젠가는 홀로서기를 해야 한다. 자기의 일을 갖고 자기의 가정을 세워야 한다. 또한 자기의 가정을 책임져야 하고 나아가서 자녀도 양육해야 한다. 그러려면 홀로서기를 할 수 있어야 한다. 이 홀로서기 단계를 제대로 밟아야 아이들이 자기의 삶을 개척하면서 살아갈 수 있다. 하지만 이 홀로서기는 하루아침에 되지 않는다. 서서히 진행되어야 하며 아주 어렸을 때부터 부모가 훈련시켜야 한다. 부모는 자녀가 어렸을 때부터 언젠가는 내 품에서 떠나보내야 한다는 사실을 인식하고 매일매일 자녀를 떠나보내는 연습을 해야 한다. 이런 생각을 가진 부모는 절대 자녀를 과잉보호하거나 속박하지 않는다. 하지만 많은 부모들이 '떠나보내기'에 미숙하다. 이 떠나보내기를 연습하지 못하면 자녀가 결혼을 해도 여전히 부모의 영향력을 벗어나지 못하고 의존적인 사람이 된다. 이런 문제를 극복하려면, 부모는 자녀가 어릴 때부터 떠나보내야 한다는 생각을 가지고 자녀를 대해야 한다.

어떻게 하면 어릴 때부터 건전한 떠나보내기를 준비할 수 있을까? 다음은 이기복의 《성경적 부모 교실》에서 일부 발췌한 내용으로 자녀를 떠나보내는 것에 대한 부모의 잘못된 편견을 소개한 글이다.

첫째, '떠나보냄은 자녀와의 관계가 끊어지는 것이다'라는 생각이다. 우리 정서상 가장 버리기 어려운 편견이다. 어떤 어머니가 "예전에는 그렇게 찰거머리처럼 붙어 다니려고 하던 아이가 4학년이 되더니 어디를 가자고 해도 싫다고 해서 너무 서운했다"라고 말하는 것을 들은 적이 있다. 물론 아이가 이러는 것에 대해 섭섭하게 생각할 수도 있지만 자녀를 떠나보내는 입장에서 생각해보면 매우 바람직한 과정이다. 자녀가 초등학교 고학년이 되었는데도 엄마 치맛자락이나 붙잡고 늘어지면 좋겠는가? 그렇지 않다. 떠나보냄을 자녀와의 단절로 인식하지 말고 자녀가 점점 독립된 인격체가 되어가는 것으로 받아들이는 인식의 전환이 필요하다.

둘째, '자녀는 부모의 소유이다' 라는 인식이다. 내 것이니 내 마음대로 할 수 있다고 생각하기 쉽다. 그래서 자녀의 장래를 자녀의 동의 없이 마음대로 정해버리는 것이다. 요즈음에는 이런 의식이 많이 줄어들기는 했지만 아직도 많은 아이가 이런 이야기를 한다. "선생님, 저는 과학자가 되고 싶은데 엄마가 돈 많이 버는 의사 되래요." 이러한 문제들은 부모가 자녀의 소유자라고 생각하는 데서 오는 잘못일 것이다. 부모는 자녀를 소유한다기보다는 자기에게 맡겨진 청지기라는 의식이 바람직하다고 할 수 있겠다.

셋째, '자녀는 내가 없으면 안 된다' 라는 생각이다. 초등학교 학부모들에게 많이 해당되는 소리이다. 많은 학부모가 자녀를 조금 과소평가하는 경향이 있다. 예를 들어 2박 3일 수련회를 간다고 하면 저학년 학부모들은 걱정을 많이 한다. '엄마 없이 잘 지내다 올 수 있을까' 하는 걱정부터 시작해 걱정도 가지가지이다. 하지만 아이들은 수련회 기간 내내 재미있게 잘 지내기만 한다. 부모들의 걱정은 기우에 지나지 않는다. 조금 미숙한 것 같아도 홀로서기 연습을 자꾸 시켜야 한다. 그렇지 않고 내 아이는 내가 없으면 아무것도 못한다고 생각하면 다 컸는데도 밥 한 끼도 차려 먹지 못하는 바보가 되기 십상인 것이다. 미숙하더라도 또 믿어지지 않더라도 참고 인내하며 지켜보고 믿어주어야 우리 아이들이 홀로서기를 제대로 할 수 있을 것이다.

넷째, '자녀가 조금 더 크고 성숙해지면 떠나보낼 것이다' 라는 생각이다. 떠나보내기는 한순간에 할 수 없다. 순차적으로 조금씩 진행해야 한다. 조금만 더 조금만 하다가 부모가 눈감을 때까지도 자녀를 놓지 못하는 경우가 많다. 자녀가 이미 결혼을 했는데도 물가에 내놓은 아이처럼 걱정이 된다고 하는 부모가 종종 있다. 이런 부모는 자녀에 대한 믿음을 회복해야 한다. 자녀를 신뢰하지 않으니까 그 믿음대로 자녀가 행동하는 것이다. 자녀는 당신 생각처럼 어리지 않다.

마지막으로 '자녀가 나를 행복하게 해줄 것이다' 라는 생각이다. 이런 생각은 주로 자녀에 대해 지나친 기대감을 가진 부모들이 한다. 내가 이루지 못한 꿈을 자녀가 이루어줄 것이고 또 성공해서 나를 행복하게 해줄 것이라고 생각한다. 하지만 부모의 이런 태도는 자녀에게 엄청나게 무거운 짐을 지우는 것이고 자녀가 기대대로 자라지 않았을 때는 공허감에 빠질 수 있다. 자녀도 나름대로 인생이 있다. 자녀를 통해 행복을 느끼려고 하지 말고 부모가 행복한 인생을 살아가면 그것을 보고 자녀도 행복한 인생을 살아갈 것이다.

위에서 소개한 자녀 떠나보내기에 대한 편견을 버리면 자녀를 여유 있고 가벼운 마음으로 바라볼 수 있을 것이다. 그리고 자녀도 부모의 중압감으로부터 해방되어 멋진 인생을 살아갈 수 있을 것이다. 자녀 떠나보내기는 먼 훗날 하는 것이 아니라 지금부터 해야 한다.

1. 자녀가 부모에게 의존적이고 할 일을 제대로 하지 못한다면 자녀에게도 문제가 있지만 부모의 양육 태도에도 문제가 있다. 특히 자녀 떠나보내기를 잘 못하는 것은 아닌가? 나의 삶에서 자녀 떠나보내기를 가로막는 것이 있다면 어떤 요소들인지 다음에서 살펴보고, 그 요소를 극복하기 위해 어떻게 해야 하는지 생각해보자.

   ① 떠나보냄은 자녀와의 관계가 끊어지는 것이다.

   ② 자녀들은 부모 소유이다.

   ③ 자녀는 내가 없으면 안 된다.

   ④ 자녀가 조금 더 크고 성숙해지면 떠나보낼 것이다.

   ⑤ 자녀가 나를 행복하게 해줄 것이다.

2. 다음은 떠나보냄을 위한 마음가짐 몇 가지이다. 읽고 마음을 다져보자. 이 내용은 이기복의 《성경적 부모 교실》에서 발췌했다.

   ① 떠나보냄은 아이가 태어나는 순간부터 시작되는 과정이다.

   ② 떠나보냄은 스스로 배우며 성숙하도록 돕는 것이다.

   ③ 지시와 잔소리와 간섭을 의도적으로 점점 느슨해 해야 한다.

   ④ 자녀에게 감사 표현을 점점 많이 한다.

   ⑤ 부모 자신의 성장을 추구한다.

   ⑥ 자녀에게 상처 준 일이 생각나거든 용서를 구하자.

⑦ 부모가 겪을 수 있는 후회감과 상실감 등을 피하지 않는다.

⑧ 아름다운 추억을 나눈다.

⑨ 자녀가 하나님을 일대일로 만날 수 있도록 기도한다.

3. 자녀가 내일 결혼한다고 가정하고 떠나보냄의 편지를 써보자. 편지에 잔소리나 충고 같은 내용은 금하고 감사와 축복, 용서를 구하는 내용으로 구성해보자. 편지를 쓰는 것은 내가 자녀를 떠나보내는 예행연습이 될 수도 있다.

나는 내 자녀가 홀로서기를 잘할 수 있도록 도와줄 것이다!

📖 하루 중 가장 좋은 기회를 잡아서 자녀에게 반드시 속삭여주거나 문자로 보내자.

사랑하는 딸아! 너는 이 세상에서 가장 귀한 존재란다.

자랑스러운 아들아! 너는 존귀한 사람이 될 거야.

✍️ 구체적으로 적어보고 머릿속으로 1분 동안 그려보자.

자녀가 자라 잘 떠나 홀로서기를 멋지게 한 모습 상상하기

💧 물 한 방울은 미약하지만 바위를 뚫는다. 나의 작은 실천이 모여 내 자녀의 인생을 뚫을 것이다.

사랑, 용서, 감사, 축복 등이 담긴 떠나보냄 편지 쓰기

후회스러운 모습이 있다면 오늘부터 바꾸기 위해 노력하기

👑 인생은 말한 대로 이루어진다. 가슴을 펴고 당당하게 외쳐보자.
   내가 좋은 부모가 되겠다고 선포하면 나는 이미 좋은 부모가 된 것이다.

나는 좋은 부모이다. 내 자녀는 행복하고 성공하는 인생을 살 것이다.

내 자녀는 멋지고 당당하게 홀로서기를 할 것이다.

자식의 은혜를 아는 부모

유교 사회인 우리나라는 유교적인 가치관이 지배한다. 특히 부모
와 자식의 관계에서 자식은 부모의 은혜를 기억하고 그 은혜를 갚아
야 한다고 교육을 받는다. 낳아주고 진자리 마른자리 갈아주고 먹여
주고 입혀주고, 부모의 은혜는 이루 열거할 수 없을 정도이다. 부모
없이는 우리의 존재가 없었을 것이고 부모의 은혜는 가히 하늘과 같
다고 할 수 있다.

하지만 역으로 부모도 자식의 은혜를 알아야 한다. 자식의 은혜라
는 말 자체가 생소하게 들리는 사람도 있을 것이다. 하지만 부모 된
자들은 분명 자식의 은혜를 바로 알고 자식에게 감사하는 마음을 가
져야 한다.

어떤 부모는 자식들에게 "내가 누구 때문에 이렇게 힘들게 일하는
데? 다 너희들 때문이다"라고 말한다. 일면 일리가 있는 말이다. 하
지만 그 말이 자식에게 얼마나 상처가 되는지는 생각하지 않는다. 이
렇게 말하는 부모는 자식의 은혜를 전혀 모르고 그런 생각도 하지 않
을 것이다. 자식의 은혜를 알면 자식에게 상처 주는 말은 하지 않을
것이다. 자식의 은혜를 제대로 아는 사람은 절대 자식에게 베푼 사랑

을 되받으려고 하지 않는다. 오히려 자식이 있음에 감사하면서 자식에게 은혜를 갚으려 할 것이다.

'자식이 할 수 있는 효도는 7살 전에 이미 다 했다' 라는 말이 있다. 이는 자식의 은혜를 적절하게 표현한 말이다. 어린 아이를 둔 부모들에게 묻고 싶다. 하루 중 언제 가장 많이 웃는가? 바로 자식과 함께 있을 때일 것이다. 직장에서는 하루가 지나도 웃을 일 한 번 없지만 어린 자식과 함께 있으면 보고만 있어도 웃음이 난다.

아이는 어찌 보면 존재 자체가 부모의 삶의 이유가 된다. 재미있는 연구 결과가 있는데, 아기가 웃는 모습은 엄마에겐 거의 천연마약과 같다고 한다. 미국 베일러 의과대학 인간신경영상연구실의 레인 스트래선 박사는 자신이 낳은 아기가 웃는 모습을 본 여성은 마약과 연관 있는 것으로 알려진 뇌의 도파민계 보상중추를 자극한다는 사실을 밝혀냈다. 스트래선 박사는 결혼해서 생후 5~10개월 된 첫 아기를 가진 여성 28명에게 자신의 아기의 웃는 얼굴과 표정 없는 얼굴 사진을 각각 보여주면서 자기공명영상법MRI으로 뇌를 관찰한 결과 웃는 모습을 보았을 때 신경전달물질 도파민 분비와 연관 있는 뇌 부위가 활성화됐다고 밝혔다. 특히 같은 웃는 얼굴이라도 자신의 아기를 봤을 때 훨씬 반응이 크게 나타났다고 한다. 이런 연구 결과는 자식이 부모에게 얼마나 큰 기쁨을 주는지를 말해준다.

지금 자녀를 한번 바라보자. 마음에 들지 않는가? 하지만 그 자녀도 한때는 바라보는 것만으로도 마약만큼이나 흥분시키고 기쁨을 주었다는 사실을 기억해야 한다. 그리고 그 아이는 자기가 할 수 있는 효도는 이미 다 했고 부모의 은혜에 대한 값을 다 지불했을 수도 있다. 이제 남은 것은 부모가 자식의 은혜를 갚기 위해 끊임없이 수고해야 하는 일일 수도 있다. 자식한테 부모의 은혜를 기억하고 갚으라고 하기 전에 내가 먼저 자식의 은혜를 제대로 깨달아 알고 있는지를 점검해보는 것이 좋은 부모의 모습일 것이다.

생각해보고 꼭 적어봅시다!

1. 혹시 자녀에게 부모의 은혜 운운하면서 상처를 주는 말을 습관적으로 하지는 않는가? 자녀에게 부담이 되고 상처가 될 만한 말은 하지 않는 것이 좋다. 나의 언어 습관을 한번 돌아보자.

_____

_____

_____

_____

_____

_____

_____

_____

_____

_____

_____

2. 내 자녀의 어린 시절을 돌이켜보자. 자녀 때문에 웃고 행복했던 순간
   들이 많이 있을 것이다. 그 시절이 바로 부모가 자녀에게 받은 은혜
   의 기간이다. 어떤 일들이 가장 기억에 남는지 세 가지만 적어보자.

_____

_____

_____

_____

_____

3. 위에서 답한 것이 사실이라면 당신은 분명 자녀의 어린 시절에
   는 자녀의 존재만으로 행복했고 감사했을 것이다. 그러면 지금은
   자녀에 대해 어떻게 생각하는가?

_____

_____

_____

_____

① 아직도 자녀의 존재만으로도 기쁘고 감사한가? 그러면 지금 그 마음 변치 말고 자녀가 독립할 때까지 유지하려고 노력하자.

② 자녀를 바라볼 때 못마땅하고 기대에 못 미치는가? 그 생각이 어디로부터 흘러왔는지 잘 생각해보고 버리자. 자녀에 대한 첫 마음을 회복하고 자녀를 기대감으로 바라보자. 그러면 다시 예전의 마음으로 돌아갈 것이다.

좋은 부모 되기 위한 오늘의 선포

내 자녀에게 항상 감사를 표현하면서 살아가는 부모가 될 것이다!

🗒 하루 중 가장 좋은 기회를 잡아서 자녀에게 반드시 속삭여주거나 문자로 보내자.

사랑하는 딸아! 네가 행복하게 웃는 모습을 보면 엄마도 한없이 행복해진단다.

자랑스러운 아들아! 너의 모습을 볼 때마다 얼마나 믿음직스러운지 모른다.

✐ 구체적으로 적어보고 머릿속으로 1분 동안 그려보자.

내 자녀가 나에게 기쁨이듯이 남에게도 기쁨이 되는 모습 상상하기

✔ 물 한 방울은 미약하지만 바위를 뚫는다. 나의 작은 실천이 모여 내 자녀의 인생을 뚫을 것이다.

자녀에게 감사한 점을 표현해보기

자녀의 존재에 대해 항상 감사하게 생각하기

♛ 인생은 말한 대로 이루어진다. 가슴을 펴고 당당하게 외쳐보자.

내가 좋은 부모가 되겠다고 선포하면 나는 이미 좋은 부모가 된 것이다.

나는 좋은 부모이다. 내 자녀는 행복하고 성공하는 인생을 살 것이다.

내 자녀가 나에게 기쁨이듯 나도 내 자녀에게 기쁨이 될 것이다.

삶으로 가르치는
것만 남는다

자녀는 내 모습을 고스란히 닮는다

가정은 모든 공동체의 출발이고 핵심이다. 가정이 없으면 사회도 국가도 존재할 수 없다. 어느 공동체가 가정보다 우선시될 수 있겠는가? 인간은 사회 구성원으로서 필요한 모든 가치를 가정에서 배운다. 가정보다 더 강력한 학교는 있을 수 없다. 교사가 아무리 가르친다 한들 그 영향력이 부모보다 더 하겠는가? 가정은 인간이 처음 맞닥뜨리는 체험의 장이고 훈련장이고 학교이다.

하지만 언젠가부터 우리 사회에서는 가정의 교육 기능이 급속히 무너져 내리고 있다. 많은 부모가 교육은 학교나 학원에서 하는 것이라고 생각한다. 가정 교육은 이제 더 이상 찾아볼 수 없다. 부모도 바쁘고 아이들도 너무 바쁘기 때문이다. 이렇다 보니 가정 교육은 생각지도 못한다. 아니 시간이 남는다 해도 왠지 귀찮기도 하고 자신도 없다. 그렇기 때문에 모든 걸 외부에서 다 해주었으면 하는 바람이 간절한지도 모른다. 하지만 명심해야 할 것이 있다. 어떤 교육으로도 가정 교육을 대체할 수 없다는 사실 말이다. 학교 등에서 배우는 것은 피상적이고 쉽게 체득되지 않지만, 가정 교육은 직접 보고 듣는 현장 교육이고 체험 교육이기 때문에 바로 그 아이의 인격으로 자리

잡는다. 삶으로 가르치기 때문에 아주 오래 기억되어 그 사람 인생을 좌우하는 것이다.

가정에서의 가르침은 부모가 의도하든 의도하지 않든 자녀의 인성에 절대적인 영향을 끼친다. 가정에서 부모가 아이에게 가르쳐준 학습 내용은 금세 잊혀져도 부모가 보여준 모습과 말은 자녀의 기억 속에 평생 남는다. 이 글을 읽는 여러분의 어린 시절을 떠올리면 이 말이 사실임을 금세 알 수 있을 것이다. 내가 자녀를 대하는 모습이 내 부모와 매우 흡사한 것을 보며 많이 놀라기도 한다. 좋은 모습도 닮지만 자기가 혐오하던 모습조차도 닮은 것을 보면 기가 막힐 것이다. 이처럼 가족은 얼굴만 닮는 것이 아니라 인격 즉 삶의 모습도 닮는다. 왜 이런 현상이 발생하는가? 부모가 자신도 모르게 삶으로 가르쳤기 때문이다.

부모 된 사람은 현재 자기의 모습을 고스란히 자녀가 닮는다는 것을 알아야 한다. 부부가 매일 싸우는가? 그러면 당신의 자녀도 부부생활을 하면서 매일 싸울 것이다. 배우자에게 매일 사랑한다는 말을 하는가? 당신의 자녀도 나중에 배우자에게 그렇게 하는 것이 당연하다고 생각할 것이다. 부모가 책을 읽는 모습을 보여주면 자녀도 그 모습을 따라 책을 읽을 것이고, 부모가 TV를 보고 있으면 자녀도 TV를 볼 것이다.

필자는 매년 5월 21일 '부부의 날' 즈음에 부모님께 연애편지 받아오기 숙제를 낸다. 아이들이 부모님을 졸라서 아빠는 엄마에게, 엄마는 아빠에게 쓴 연애편지를 받아 오면 나는 푸짐한 상과 함께 격려를 해준다. 이렇게 받아 온 편지를 부부의 날에 아빠 엄마께 드리라고 하면 많은 엄마가 결혼하고 처음 남편에게 연애편지 받았다며 행복해한다. 필자는 이날을 어린이날이나 어버이날 행사에 못지않게 중요하게 여겨 아이들을 독려하곤 한다. 그런데 매년 똑같은 문제가 발생한다. 흔쾌히 써 주는 부모도 있지만 많은 부모가 아무리 자녀가 졸라도 이 핑계 저 핑계 대면서 연애편지를 써 주지 않는다. 심지어는 쓸데없는 짓 하지 말고 공부나 하라고 말하거나, 귀찮게 한다고 혼내는 부모도 있다. 필자는 이런 부모들에게 무엇이 진짜 공부인지 묻고 싶다. 말로는 사랑한다고 하면서 편지 한 통 안 써 주는 부모에게 자녀가 무엇을 배우겠는가? 부모의 이런 모습을 삶으로 배운 자녀라면 나중에 배우자에게 어떻게 하겠는가?

부모들은 반드시 기억해야 한다. 내가 생각하는 방식대로 내 자녀가 생각할 것이고 내가 살아가는 모습대로 나의 자녀도 그렇게 살아갈 것이다. 자녀가 행복한 인생을 살길 원한다면 부모가 먼저 행복한 삶을 살아야 한다. 자녀가 행복한 가정을 꾸리길 원한다면 부모가 먼저 행복한 가정의 모습을 보여주어야 한다. 삶으로 보여주지 않으면서 말로 하는 것은 교육이 아니라 잔소리일 뿐이다. 삶으로 가르치는 것만 기억에 남는다.

1. 내가 부모의 삶에서 배운 것 가운데 긍정적인 것과 부정적인 것 두 가지를 적어보자.

   긍정적인 것

   _____

   _____

   부정적인 것

   _____

   _____

2. 위에 적은 것을 가만히 살펴보자. 내 부모님이 나에게 의도적으로 가르치려고 했던 것인가? 아니면 부모님이 의도하지 않았지만 내가 보고 배운 것인가?

   _____

   _____

3. 내 자녀가 20년 뒤 부모로부터 무엇을 배웠다고 생각할까? 긍정적인 것과 부정적인 것을 두 가지씩 적어보자.

   긍정적인 것

   _____

   부정적인 것

   _____

4. 3번에서 '긍정적인 것'에 적을 것이 없었다면, 지금부터 내가 자녀에게 꼭 삶으로 가르쳐야겠다고 결심한 것을 적어보자.

_____

_____

_____

_____

5. 3번에서 '부정적인 것'에 적은 것이 있다면 그것을 오늘부터 끊어버리고 자녀 앞에서 절대 하지 않겠다고 다짐하자.

좋은 부모 되기 위한 오늘의 선포

내 자녀에게 좋은 삶의 본을 보여줄 것이다!

📋 하루 중 가장 좋은 기회를 잡아서 자녀에게 반드시 속삭여주거나 문자로 보내자.

엄마는 너를 사랑한단다.

너는 아빠의 자랑이란다.

✍ 구체적으로 적어보고 머릿속으로 1분 동안 그려보자.

당신의 좋은 점을 보고 배운 자녀의 멋진 모습 상상해보기

💧 물 한 방울은 미약하지만 바위를 뚫는다. 나의 작은 실천이 모여 내 자녀의 인생을 뚫을 것이다.

자녀에게 사랑의 문자 메시지 보내기

자녀의 존재에 대해 항상 감사하게 생각하기

👑 인생은 말한 대로 이루어진다. 가슴을 펴고 당당하게 외쳐보자.
　내가 좋은 부모가 되겠다고 선포하면 나는 이미 좋은 부모가 된 것이다.

나는 좋은 부모이다. 내 자녀는 행복하고 성공하는 인생을 살 것이다.

나의 자녀는 나로부터 좋은 모습을 보고 배울 것이다.

Day **14**

어릴수록 엄격하게 대하라

성경을 보면 "마땅히 행할 길을 가르쳐라. 그리하면 늙어서도 그 길을 떠나지 아니하리라" 라는 말씀이 나온다. 여기에서 말하는 '늙어서도' 는 우리가 생각하는 늙어서가 아니라 사춘기를 의미한다. 즉 아이에게 마땅히 행할 길을 가르치면 사춘기에도 엇나가지 않고 옳은 길로 간다는 뜻이다. 많은 인생이 사춘기 때 친구를 잘못 사귀거나 옳지 않은 길로 빠져들어 인생을 망치는 것을 보면 의미 있는 말이다.

아이가 마땅히 행할 길은 어려서부터 귀에 못이 박히게 이야기해야 하고 체득시켜야 한다. 회초리를 들어서라도 가르칠 것은 확실히 가르쳐야 한다. 어렸을 때는 방임하는 부모보다 좀 엄격한 부모가 아이에게 심리적인 안정감을 더 준다고 한다.

하지만 많은 부모가 이 가르침을 반대로 하는 경향이 많다. 즉 사춘기가 오기 전에는 마땅히 행할 길을 가르치지 않는다. 그러다가 사춘기가 되어 아이가 좀 삐딱하게 나가면 그때부터 아이를 단속하기 시작한다. 하지만 때는 이미 늦었다. 단속하면 할수록 아이는 더욱 빗나간다. 어찌 보면 그냥 지켜보는 것이 상책인지도 모른다. 어린 나무가 삐뚤게 자랄 때는 바로 세워줘도 문제가 없지만 한참 자란 후에 바로잡아주려고 무리하면 나무가 부러지고 만다. 사람도 마찬가지이다. 어렸을 때 바로잡아주어야 한다.

초등학교는 아이에게 마땅히 행할 길을 가르칠 수 있는 마지막 기회이다. 초등학교 시절이 지나면 더 이상 부모의 말은 아이에게 영향력을 갖지 못한다. 초등학교가 지나 사춘기가 되면 마땅히 행할 길을 잘 배운 자녀는 부모의 바른 가치관을 이어받아 기대대로 잘 커 갈 것이고, 마땅히 행할 길을 가르치지 않았거나 잘못 배운 아이는 잘못된 길로 갈 것이다.

요즈음 우리 아이들은 마땅히 행할 길을 제대로 배우지 못한다. 가르쳐줘야 하는 부모도 바쁘고 아이들도 바쁘다. 무엇인가를 제대로 가르치고 배우기 위해서는 많은 대화와 시간이 필요하다. 좋은 것 치고 저절로 되는 것은 없다. 거짓말은 가르치지 않아도 너무나 잘한다. 하지만 마땅히 행할 길인 정직은 가르치거나 훈련시키지 않으면 갖출 수 없는 덕목이다.

마땅히 행할 길은 지식이 아니라 품성이고 행동이기 때문에 학교나 학원에서는 가르칠 수 없다. 학교에서는 마땅히 행할 길을 안내해 줄 수 있지만 그것이 아이의 인격으로 정착되려면 부모가 모범을 보여야 한다. 예를 들어 학교에서 아무리 거짓말하지 말라고 가르쳐도 부모가 매번 거짓말을 한다면 그 아이에게는 학교의 가르침이 마이동풍이 되는 것이다.

아이들은 기다려주지 않는다. 너무 빨리 어른이 된다. 어른이 되기 전에 마땅히 가르쳐야 할 바를 가르쳐야 한다. 그 마지막 시기가 바로 초등학교 시절이다. 지금 부모인 나는 우리 아이에게 마땅히 행할 길을 가르치고 있는가? 반성해볼 일이다. 또한 마땅히 행할 길을 부모인 나는 행하지 않으면서 가르치기만 하고 있지는 않는가?

생각해보고 꼭 적어봅시다!

1. 아이가 어릴수록 부모의 말을 잘 듣는 경향이 있다. 때문에 부모들은 자녀가 어릴 때는 크게 애를 먹지 않는다. 부모가 회초리만 들어도 아이는 부모의 말을 듣기 마련이다. 이렇게 자녀가 어릴 때 마땅히 행할 길을 가르쳐야 한다. 내가 현재 마땅히 행할 길이라고 생각하며 심혈을 기울여 가르치는 것을 적어보자. 만약 없다면 지금 만들어보자.

_____

_____

_____

2. 마땅히 행할 길을 가르칠 때 가장 중요한 요소는 부모의 모범이다. 혹시 자녀에게는 강요하면서 정작 나는 실천하지 못하는 것이 있다면 적어보자. 그리고 고칠 것을 결심하자. 내가 고치면 자녀도

따라서 고칠 것이다.

(예) TV 그만 보고 공부하라고 하면서 나는 계속 TV를 보는 행위, 책 많이 읽으라고 하면서 정작 나는 한 달에 책 한 권도 안 읽는 것 등.

---

3. 지혜로운 농부는 해가 맑을 때 건초를 만든다. 하지만 어리석은 농부는 해가 맑은 때를 놓치고 만다. 마찬가지로 초등학교 시기는 자녀 양육에서 반드시 이용해야 하는 기회이다. 이 기회를 놓치지 말자.

좋은 부모 되기 위한 오늘의 선포
자녀에게 가르치는 그 모습 그대로 나는 살아갈 것이다!

📋 하루 중 가장 좋은 기회를 잡아서 자녀에게 반드시 속삭여주거나 문자로 보내자.
사랑하는 딸아! 너만 보면 참 기분이 좋아지는구나.
자랑스러운 아들아! 너는 아빠의 삶의 기쁨이다.

✍ 구체적으로 적어보고 머릿속으로 1분 동안 그려보자.
자녀의 가장 못마땅한 모습이 고쳐졌을 때의 모습 상상해보기

✔ 물 한 방울은 미약하지만 바위를 뚫는다. 나의 작은 실천이 모여 내 자녀의 인생을 뚫을 것이다.
오늘 하루 TV보지 않고 자녀와 같이 1시간 독서하기
책을 읽은 후에 간단하게 책을 읽게 된 동기나 내용에 대해 이야기하기

👑 인생은 말한 대로 이루어진다. 가슴을 펴고 당당하게 외쳐보자.
    내가 좋은 부모가 되겠다고 선포하면 나는 이미 좋은 부모가 된 것이다.
나는 좋은 부모이다. 내 자녀는 행복하고 성공하는 인생을 살 것이다.
너는 어딜 가나 인생의 기본을 잘 배운 사람이라는 말을 들을 것이다.

우리 집은 자녀 중심인가 부부 중심인가

부부가 서로 사랑하고 행복하게 살아가는 모습을 보여주는 것은 이 세상 무엇과도 바꿀 수 없는 정서 교육이다. 사이 좋은 부부 밑에서 자란 아이들은 부모에 대해 절대적인 존경과 신뢰를 가지고 있다. 그러나 매일 부부가 싸우는 모습을 보고 자라는 아이들은 마음이 온통 상처투성이가 된다. 그리고 세상에 의지할 사람이 아무도 없는 고독한 사람이 된다. 자기의 존재 기반이 무너지는 것이다. 아이들에게 부모님께 하고 싶은 말을 적어보라고 하면 랭킹 1위가 엄마 아빠 서로 싸우지 말라는 것이다. 다음과 같이 적는 아이도 있었다. '내 생일날 좋은 선물 사 줄 생각 하지 마세요. 그딴 거 다 필요 없어요. 제발 엄마 아빠 서로 싸우지나 마세요. 제발요.'

부부 사이가 좋은 가정과 나쁜 가정은 눈에 보이는 특징이 한 가지 있다. 부부 사이가 좋은 가정은 부부 중심이고 나쁜 가정은 자녀 중심이라는 것이다.

부부 중심의 가정인지, 자녀 중심의 가정인지는 부부의 대화 주제를 살펴보면 쉽게 알 수 있다.

부부 중심 가정은 대화의 주제가 다양하지만 자녀 중심 가정의 대화 주제는 한두 가지이다. 부부 사이가 좋은 사람들은 눈만 마주치면 직장 이야기부터 시작해서 온갖 잡다한 이야기를 서로에게 터놓고 울고 웃는다. 그 많은 이야기 중에 자녀 이야기도 하나의 주제일 뿐이다. 그러나 부부 사이가 좋지 않은 가정은 자녀 이야기 말고는 서로 할 이야기가 없다. 어떤 부부에게 자녀 이야기와 돈 이야기 빼고는 부부 간에 할 이야기가 없다는 고백을 들은 적도 있다.

부부 중심 가정은 자녀가 집에 없어도 부부 간에 할 이야기가 많지만 자녀 중심 가정은 자녀가 집에 없으면 그야말로 절간 같은 분위기가 되고 만다. 또한 부부 중심 가정은 자녀에게 정성과 관심을 쏟기도 하지만, 기본적으로 배우자에게 더 많은 관심을 쏟고 시간을 보내려고 한다. 하지만 자녀 중심 가정은 지나치게 자녀에게만 관심을 쏟고 모든 것이 아이 스케줄 중심이다. 이런 아이들은 학교에서도 항상 특별한 관심을 받기를 원한다. 하지만 이런 아이들도 나이가 들어가면서 부모의 지나친 관심을 부담스럽게 느낀다. 자기가 아니면 깨지기 일보 직전인 위태로운 가정을 보면서 부담을 느낄 수밖에 없는 것이다. 아이에게 감당하기 힘든 짐을 양 어깨에 올려놓는 셈이 되는 것이다.

부부 사이가 좋은 부모는 자식들이 장성하여 결혼을 하면 자녀 가정의 독립성을 인정해주고 부부끼리 사이좋게 지낸다. 하지만 자녀 중심 부모는 자녀를 결혼시키고 나면 자기들의 가장 큰 관심사인 자녀를 빼앗겼다는 극심한 박탈감을 느낀다. 그래서 괜히 며느리가 미워 보이고 고부 갈등을 일으키는 것이다. 이처럼 자녀 중심의 가정은 자녀의 인생에 많은 악영향을 끼친다.

당신의 가정은 부부 중심의 가정인가? 아니면 자녀 중심의 가정인가? 자녀를 정서가 안정된 건강한 인격체로 키우고 싶다면 행복한 부부 중심의 가정으로 바꿔야 한다. 자녀들은 자신의 손을 잡아주는 부모도 좋아하지만 다정하게 손을 잡고 걸어가는 엄마 아빠의 모습도 좋아한다. 뿐만 아니라 그 모습을 보면서 많은 것을 배운다. 부부끼리는 절대 손을 잡지 않으면서 자기 손만 잡는 부모를 자녀는 어느 순간부터 부담스러워할 것이다. 가정의 중심은 자녀가 아니라 부부라는 사실을 명심하자.

생각해보고 꼭 적어봅시다!

1. 우리 가정은 현재 부부 중심의 가정인가? 자녀 중심의 가정인가? 부부의 대화를 살펴보면 잘 알 수 있다. 부부 간에 자녀 이야기가 아니라도 할 이야기가 많다면 부부 중심의 가정일 확률이 높다. 하지만 자녀 이야기 말고는 할 이야기가 없으면 자녀 중심의 가정일 확률이 높다.

_____

_____

2. 우리 부부의 모습 가운데 자녀도 꼭 닮았으면 좋겠다고 생각하는
   모습은 무엇인가? 반대로 자녀가 절대 닮지 않았으면 좋겠다고 생
   각하는 모습은 무엇인가?
   ① 자녀가 닮았으면 하는 부부 모습

   ② 자녀가 닮지 말았으면 하는 부부 모습

3. 내가 자녀에게 쏟는 관심과 배우자에게 쏟는 관심을 비교해보자.
   내가 자녀에게 지나치게 관심을 쏟고 있다면 배우자는 그로 인해
   소외감을 느낄 확률이 크다. 자녀에게 쏟는 관심을 배우자에게 쏟
   아라. 그러면 부부 중심의 가정으로 바뀔 것이다. 내가 자녀에게

관심을 쏟는 것보다 부부가 행복한 모습을 보여주는 것이 자녀가 잘될 확률이 훨씬 높다는 것을 기억하자.

> **좋은 부모 되기 위한 오늘의 선포**
> ## 나는 자녀가 닮고 싶어 하는 부부의 모습으로 살아갈 것이다!
>
> 📋 하루 중 가장 좋은 기회를 잡아서 자녀에게 반드시 속삭여주거나 문자로 보내자.
> 사랑하는 딸아! 너는 나중에 너를 정말 사랑해주는 남자를 만날 거야.
> 자랑스러운 아들아! 네가 세우는 가정은 정말 행복하고 멋진 가정이 될 거야.
>
> 📖 구체적으로 적어보고 머릿속으로 1분 동안 그려보자.
> 자녀가 사랑하는 사람을 만나 서로 사랑하며 행복하게 지내는 모습 상상하기
>
> ✔ 물 한 방울은 미약하지만 바위를 뚫는다. 나의 작은 실천이 모여 내 자녀의 인생을 뚫을 것이다.
> 자녀 앞에서 좋은 부부의 모습 보여주기
> 부부가 가볍게 껴안거나 뽀뽀해주는 모습 보여주기, 배우자를 칭찬하는 모습 보여주기
>
> 👑 인생은 말한 대로 이루어진다. 가슴을 펴고 당당하게 외쳐보자.
> 내가 좋은 부모가 되겠다고 선포하면 나는 이미 좋은 부모가 된 것이다.
> 나는 좋은 부모이다. 내 자녀는 행복하고 성공하는 인생을 살 것이다.
> 내 자녀는 행복한 가정을 이루고 사랑하는 삶을 살 것이다.

Day **16**

부부 싸움하고 각방을 쓰는가

4학년 담임을 할 때 이런 경험을 했다. 여섯 명 정도의 여자아이들 이 필자를 둘러싸더니 궁금한 것이 한 가지 있다고 했다. 무엇이든 물어보라고 했더니 "선생님은 사모님하고 같은 이불을 덮고 주무세 요?"였다. 필자는 참 어처구니가 없어서 "부부가 한 침대에서 한 이 불을 덮고 자는 것이 당연하지 않니?"라고 되물었다. 그랬더니 아이 들의 반응은 선생님이 너무 이상하다는 것이었다. 여섯 명 중에 세 아이가 자기 엄마 아빠는 따로 주무신다고 했다. 그러면서 자기들은 어떻게 태어났는지 모르겠다며 깔깔거렸다.

그냥 웃어 넘기기에는 가슴이 아팠다. 엄마 아빠가 각방을 쓰는 아 이들의 눈에는 부부가 한 이불에서 자는 선생님이 이상하게 보였을 것이다. 늘 비정상적인 모습을 보니 정상적인 모습이 이상해 보이는 형국이다. 만약 이 아이들이 어른이 되어서 결혼한다면 어떤 부부 생 활을 할까? 부모님이 각방 쓰는 모습을 보고 자랐으니 부부가 각방 쓰는 것을 당연하게 생각할지도 모르겠다.

하지만 여기서 분명히 해둘 것은 부부가 각방을 쓰는 것은 잘못된 모델링이라는 것이다. 그런데 아이들은 이 잘못된 모델링을 보고 배우고 더 나아가서는 그것이 정상인 줄 안다. 이런 아이들은 학교에서도 남녀의 성 문제와 관련한 언급에 과민반응을 보이는 경우가 많다. 남녀의 신체 접촉을 지나치게 금기시한다든지 절대 있을 수 없는 일로 여기는 경우도 있다. 그도 그럴 것이 엄마 아빠가 서로 애정 표현을 하거나 스킨십을 하는 경우를 한 번도 보지 못했으니 당연히 잘못된 애정관을 배우게 되는 것이다.

금실 좋고 사랑하는 부부 사이에서 자라는 아이들은 이성 관계를 굉장히 긍정적이고 자연스럽게 받아들인다. 그리고 여자아이들은 아빠 같은 남자와 결혼하기를 바라고 남자아이들은 엄마 같은 여자와 결혼하기를 바란다. 결혼에 대해 매우 긍정적이고 기대감이 있는 것이다. 이 아이들은 '빨리 어른이 되어서 나도 엄마 아빠처럼 행복한 가정을 이루며 살고 싶다' 라고 생각한다. 이런 마음은 서로 사랑하며 배려하고 행복하게 살아가는 좋은 부부의 모습을 보여줄 때만 가능하다.

부모 된 자는 자녀 앞에서 좋은 모습을 보여주기 위해 항상 애써야 한다. 왜냐하면 내 모습을 내 자녀가 보고 닮고, 부모의 모습이 자녀 삶의 표준이 되기 때문이다.

살다 보면 부부 싸움도 할 수 있다. 하지만 부부 싸움을 하고 분이 풀리지 않아서 각방을 쓰는가? 그러면 당신의 자녀도 결혼해서 그렇게 할 확률이 매우 높다. 어릴 때 부모에게 생생하게 보고 배웠기 때문이다.

부부 싸움을 하고 나서 용서를 구하고 화해를 청하는 모습을 보여주었는가? 그러면 당신의 자녀도 분명 결혼해서 그렇게 할 것이다.

자녀들 앞에서는 항상 좋은 모습을 보여주기 위해 애쓰자. 피치 못해 좋지 않은 모습을 보여주었다면 자녀에게 용서를 구하고 이해를 시켜야 한다. 부모들은 항상 기억해야 한다. 내 자녀는 내 인생을 철저하게 닮는다는 사실을 말이다.

생각해보고 꼭 적어봅시다!

1. 자녀에게 다음과 같은 질문을 한번 해보자.
   ① 엄마 아빠의 모습 중에서 가장 보기 좋은 모습

   _____

   _____

   자녀가 보기 좋아하는 모습은 되도록 자주 보여주려고 노력하자. 그러면 자녀도 커서 그런 모습을 연출하며 가정 생활을 할 것이다.
   ② 엄마 아빠의 모습 중에서 가장 보기 싫은 모습

   _____

   _____

   자녀가 보기 싫어하는 모습은 되도록 보여주지 말자. 부부의 그런 모습은 분명 자녀에게 많은 상처가 되며 대물림될 확률이 높다.

2. 우리는 직장 상사들 앞이나 어려운 사람들 앞에서는 정제된 모습을 보여주려고 노력하지만, 자녀들 앞에서는 걸러지지 않은 모습 그대로를 보여주곤 한다. 하지만 우리가 가장 행동을 조심해야 할 사람은 바로 자녀들이다. 자녀들 앞에서 좋은 모습을 보여주려고 끊임없이 노력해야 좋은 부모가 될 수 있다.

좋은 부모 되기 위한 오늘의 선포
나는 자녀에게 행복하게 살아가는 좋은 부모의 모습을 보여줄 것이다!

📋 하루 중 가장 좋은 기회를 잡아서 자녀에게 반드시 속삭여주거나 문자로 보내자.

사랑하는 딸아! 너는 나중에 좋은 엄마가 될 거야.

자랑스러운 아들아! 너는 나중에 좋은 아빠가 될 거야.

✍️ 구체적으로 적어보고 머릿속으로 1분 동안 그려보자.

부모의 좋은 모습을 보고 자란 자녀가 다시 좋은 부모가 되어 있는 모습 상상하기

💧 물 한 방울은 미약하지만 바위를 뚫는다. 나의 작은 실천이 모여 내 자녀의 인생을 뚫을 것이다.

자녀 앞에서 좋은 부부의 모습 보여주기

식사하면서 배우자에게 감사하고 음식 솜씨에 대해 칭찬하기

👑 인생은 말한 대로 이루어진다. 가슴을 펴고 당당하게 외쳐보자.
내가 좋은 부모가 되겠다고 선포하면 나는 이미 좋은 부모가 된 것이다.

나는 좋은 부모이다. 내 자녀는 행복하고 성공하는 인생을 살 것이다.

내 자녀는 나로부터 좋은 부모의 모습을 배울 것이다.

부모의
직무를 다하라

부모가 먼저 꿈꾸는 사람이 되어라

사람을 두 부류로 나누라고 하면 필자는 꿈이 있는 사람과 꿈이 없는 사람으로 나누고 싶다. 꿈이 있는 사람과 그렇지 않은 사람은 눈빛부터 다르다. 꿈이 있는 사람의 눈빛은 빛나고 앞을 향하며 눈물이 고여 있다. 하지만 꿈이 없는 사람의 눈빛은 흐리멍텅하고 뒤를 보며 원망이 고여 있다. 어디 이뿐이겠는가? 꿈이 있는 사람의 입은 긍정적이고 적극적이며 살리는 말을 내뱉는다. 하지만 꿈이 없는 사람은 비판적이고 피동적이며 죽이는 말들을 쏟아낸다. 꿈이 있는 사람은 열정에 사로잡혀 일하지만 꿈이 없는 사람은 눈치에 사로잡혀 일한다.

일찍이 플라톤이라는 철학자는 자유인과 노예를 다음과 같이 구분했다. '자기의 꿈을 이루는 사람은 자유인이고 남의 꿈을 이루어주는 사람은 노예다.' 이 말에 비추어볼 때 진정한 자유인이 얼마나 될까? 플라톤 당시에도 그랬겠지만 요즈음 세상에도 자유인보다는 노예가 많은 느낌을 지울 수 없다. 꿈을 잃어버리고 꿈을 꿀 줄 모르는 노예 말이다. 많은 사람이 자기의 꿈을 이루기 위해 살아가는 것이 아니라 남의 꿈을 이뤄주기 위해 살아간다.

왜 그렇게 많은 사람이 자신의 꿈은 잃어버리고 남의 꿈을 위해 살아가는 것일까? 그것은 꿈을 꿀 줄 모르기 때문이고 꿈을 꾸더라도 이루는 방법을 모르기 때문이다. 왜 이런 현상이 벌어지는가? 꿈을 꾸고 이루는 방법을 배우지 못했기 때문이다. 학창 시절에 수학과 영어는 열심히 배웠지만, 꿈을 꾸고 꿈을 이루는 방법은 배우지 못한 것이다. 그냥 열심히 하라는 말만 들었을 뿐이다. 정말 그런가? 열심히 하기만 하면 꿈을 이룬단 말인가? 꿈이 없으면서 열심히 일하는 사람을 거의 보지 못했다. 꿈이 있어야 열정적으로 행동하고 창의적이 되고 노력을 한다. 꿈이 있으면 공부하지 말라고 해도 공부를 한다. 하지만 꿈이 없으면 아무리 공부하라 해도 공부를 하지 않는다. 어찌 보면 열심히 공부하는 것보다 꿈을 가지는 것이 우선이다.

이런 면에서 초등학교에서는 '공부해라'는 말 대신에 '네 꿈이 무엇이냐?' '꿈을 가져라' 라는 말을 더 자주 해야 한다. 무기력증에 걸린 듯한 아이들을 보면 대부분 꿈이 없다. 또 꿈이 있다고 해도 스스로 설정한 꿈이 아니라 부모님이 주입해준 꿈이다. 성공하고 행복한 아이로 만들고 싶다면 꿈꾸는 아이로 키워야 한다. 어떻게 하면 될까?

첫째, 부모가 먼저 꿈꾸는 사람이 되어야 한다. 부모가 꿈의 중요성을 모르고 꿈꾸는 삶을 살지 않는다면 꿈에 대해 가르칠 수 없다. 꿈은 꾸어본 사람만이 그 가치와 그 소중함을 안다.

둘째, 꿈을 꿀 시간을 주어야 한다. 요즈음 아이들은 너무 바빠서 꿈꿀 시간조차 없다. 꿈은 어떻게 꾸는가? 책을 읽으면서 꾼다. 곰곰이 생각하면서 꾼다. 조용히 자신을 성찰하면서 꾼다. 정신없이 돌아가는 바쁜 일상 가운데 꿈을 꾸었다는 사람은 보지 못했다. 이런 면에서 삶이 바쁜 요즈음 아이들은 꿈을 갖기 어렵다. 여유 있는 가운데 꿈은 꾸는 것이다. 자녀에게 꿈꿀 수 있는 시간이 있는지부터 살펴볼 일이다.

셋째, 꿈을 이루는 연습을 시켜야 한다. 대부분의 아이는 꿈 하면 직업적인 것을 이야기한다. 의사가 되고 싶다느니 변호사가 되고 싶다고 한다. 하지만 이런 꿈은 빨라야 20년 뒤에나 이루어진다. 현실성이 없기 때문에 그 꿈은 아이에게서 아무 행동도 끌어내지 못한다. 너무 먼 훗날 이야기이기 때문이다. 어른들이 자꾸 물으니까 귀찮아서 대답 한두 개쯤 준비해놓는 보험용 답변인 경우도 많다. 이런 것은 꿈이라 할 수 없다. 꿈은 현실에 영향을 주는 것이어야 한다. 차라리 한 달 동안 연습해서 줄넘기를 100개 이상 한다는 꿈이 훨씬 더 구체적이다. 그리고 이 꿈을 위해 참고 노력했더니 마침내 이루었다는 것을 배우는 것이 훨씬 낫다. 어릴 때는 기간이 짧고 쉬운 꿈으로 시작하다가 점점 더 장기적이고 어려운 것을 꿈을 이루어가는 연습을 하는 과정이 필요하다.

물감을 아끼면 절대 좋은 그림을 그릴 수 없다. 마찬가지로 꿈을 아끼면 성공을 그릴 수 없다. 자녀가 성공하는 인생을 살아가기를 원한다면 꿈을 꿀 줄 아는 사람으로 만들어야 한다. 꿈을 가진 사람만이 진정한 자유인으로 살아갈 수 있다.

1. 나는 지금 꿈을 꾸고 이루기 위해 노력하는 자유인의 삶을 사는가? 아니면 남의 꿈을 이뤄주기 위해 살아가는 노예의 삶을 사는가?

2. 내 나이가 얼마이든 꿈이 없다면 자녀에게도 꿈을 가지라고 강요하지 말아야 한다. 꿈은 나이와 관계가 없다. 자녀가 꿈이 없다면 내가 먼저 꿈을 가지고 열정적으로 살아가는 모습을 보여주어야 한다. 그러면 어느샌가 자녀도 나처럼 꿈을 향해 열정적으로 달려갈 것이다.

3. 내 자녀의 꿈은 무엇인가? 만약 변호사라면 법정에라도 한 번 데려가는 정성을 들여야 그 꿈이 구체적으로 자리 잡을 것이다. 피아니스트라고 하면 음악회라도 열심히 데리고 다녀야 한다. 아이에게 꿈을 꾸게 하는 역할을 하는 것도 부모이지만 그 꿈이 자랄 수 있게 하는 것도 부모의 몫이다.

4. 꿈은 절대 저절로 이루어지지 않는다. 인내의 과정이 필요하다. 목표를 설정하고 인내하고 참으면서 마침내 그 꿈을 이루는 과정을 배운 아이들이 자기의 큰 꿈도 이룰 수 있다. 꿈은 이뤄본 사람

이 이룰 수 있다. 꿈꾸고 이루는 연습을 시켜라.

5. '꿈은 이루어진다' 라는 말이 있다. 내가 꿈꾸는 자녀의 모습은 무엇인가? 자녀의 미래에 대해 긍정의 꿈을 꾸어라. 그러면 나의 꿈처럼 자녀가 자라갈 것이다.

좋은 부모 되기 위한 오늘의 선포

내 자녀에게 꿈을 향해 열정적으로 살아가는 모습을 보여줄 것이다!

📋 하루 중 가장 좋은 기회를 잡아서 자녀에게 반드시 속삭여주거나 문자로 보내자.
사랑하는 딸아! 너의 꿈은 반드시 이루어질 거야.
자랑스러운 아들아! 너의 꿈이 이룰 수 있게 아빠가 도와줄게. 힘 내거라.

✍ 구체적으로 적어보고 머릿속으로 1분 동안 그려보자.
자녀가 지금 꿈꾸고 있는 것을 이루고 기쁘고 행복해하는 모습 그려보기

🌱 물 한 방울은 미약하지만 바위를 뚫는다. 나의 작은 실천이 모여 내 자녀의 인생을 뚫을 것이다.
엄마 아빠가 이룬 꿈과 포기해버린 꿈에 대해 솔직히 이야기해보기
자녀는 어떤 꿈을 꾸고 있고 그 꿈을 가진 이유에 대해 묻고 꼭 이룰 수 있다고 격려해주기

👑 인생은 말한 대로 이루어진다. 가슴을 펴고 당당하게 외쳐보자.
내가 좋은 부모가 되겠다고 선포하면 나는 이미 좋은 부모가 된 것이다.
나는 좋은 부모이다. 내 자녀는 행복하고 성공하는 인생을 살 것이다.
나의 자녀는 나로부터 꿈을 가지고 살아가는 삶의 모습을 보고 배울 것이다.

자녀 양육을 위해
부모의 전신갑주를 입으라

옛날에 군인들은 전쟁터에 나가기 위해서 전신갑주로 무장했다. 즉, 손에는 검과 방패를 들고 머리에는 투구를 쓰며 몸에는 갑옷을 걸치고 전투용 신발을 신는다. 이렇게 중무장을 하고 전쟁터에 나가야만 적을 물리칠 수 있다. 전쟁터에 나가는 군인이 검을 가지고 나가지 않는다면 제정신이라고 보기 어려울 것이다.

필자는 부모가 자녀를 양육하려면 군인처럼 무장을 해야 한다고 생각한다. 부모라면 아이를 키우는 것이 전쟁을 방불케 한다는 데 동의할 것이다. 전쟁터에 나가는 군인이 전신갑주로 무장을 하듯 부모도 무장을 하지 않으면 자녀 양육에서 실패할 수밖에 없을 것이다. 준비 없이 나가는 싸움에서 이길 수 없듯이 준비 없이 부모가 되는 것만큼 무모한 것도 없다. 훈련된 군인은 전신갑주로 무장할 뿐만 아니라 전신갑주를 어떻게 이용해야 하는지도 잘 알고 있다. 이렇게 훈련된 군인만이 전쟁터에서 승리를 거둘 수 있다. 마찬가지로 부모도 자녀 양육에 필요한 전신갑주를 입는다면 분명 훌륭한 부모가 될 수 있을 것이다. 자녀를 제대로 양육하고자 하는 부모들에게 다음과 같은 부모의 전신갑주를 갖출 것을 권하고 싶다.

첫째, 말씀의 검을 가져야 한다. 군인에게 검은 가장 강력한 공격 수단이다. 군인에게 검이 있다면 부모에게는 말이 있다. 부모의 말은 보이지 않는 검이다. 자녀에게 훈계의 말을 끊임없이 해야 한다. 때로는 부드럽게 때로는 단호하게 말의 검을 휘둘러야 한다. 부모의 말씀의 검은 의사의 메스가 되어 자녀를 고쳐줄 것이다. 순간은 아프겠지만 나쁜 습관을 도려내어 어리석음을 제거해준다. 하지만 어떤 부모들은 말씀의 검을 자녀를 살리는 데 쓰는 것이 아니라 자녀를 죽이는 데 사용한다. 말씀의 검을 잘못 사용하는 것이다. 말씀의 검을 잘못 사용해 비수가 되면, 그 비수를 맞은 자녀의 상처는 평생 아물지 않을 것이다. 그러므로 말씀의 검은 조심해서 다루어야 한다. 당신의 입에서 나오는 말은 날이 선 검처럼 자녀를 향해 날아갈 것임을 기억해야 한다. 때로는 환부를 도려내는 의사의 메스처럼 때로는 평생 지워지지 않을 상처를 남기는 비수처럼 말이다.

둘째, 믿음의 방패를 가져야 한다. 군인에게 방패는 적의 공격으로부터 자신을 보호하는 가장 강력한 무기이다. 그런데 군인의 방패와 같은 것이 부모에게는 믿음이다. 자녀에 대한 믿음 없이는 자녀를 제대로 키울 수 없다. 부모의 믿음은 끊임없이 찾아오는 비교 의식으로부터 자신과 자녀를 보호해준다. 또한 부모에게 수시로 찾아오는 자녀에 대한 수많은 의심과 절망과 포기, 염려로부터 자녀를 보호할 것이다. '내 자녀는 잘될 것이고 행복하고 성공하는 인생을 살아갈 것이다'라는 강한 믿음만이 끊임없이 찾아오는 자녀에 대한 부정적인 생각으로부터 부모를 지켜줄 것이다.

셋째, 의의 갑옷을 입어야 한다. 전쟁터에 나간 군인이 갑옷을 입지 않았다면 비웃음거리가 될 것이다. 마찬가지로 부모가 자녀 앞에서 옳은 것을 행하고 모범을 보이는 의의 갑옷을 입지 않으면 비웃음거리가 된다. 부모는 자녀가 보는 앞에서는 작은 공중도덕이라도 철저히 지켜야 한다. 필자는 이런 광경을 본 적이 있다. 어떤 엄마가 초등학교 저학년쯤 되어 보이는 딸의 손을 잡고 무단횡단을 했다. 그런데 그 엄마가 하는 말이 걸작이었다. "너는 절대 빨간불일 때 건너지 마!" 이 엄마야말로 의의 갑옷을 걸치지 못한 부모이다. 의의 갑옷을 걸친 부모라면 최소한 자녀보다 높은 도덕성을 가져야 한다. 자녀에게는 거짓말하지 말라고 하면서 본인은 거짓말하는 것은 교육이 아니라 조크이다.

넷째, 인내의 투구를 써야 한다. 아마 군인에게 가장 거추장스러운 것 중의 하나가 투구일 것이다. 필자도 군대 있을 때 헬멧 쓰는 것이 너무 싫어서 시간 날 때마다 벗었던 기억이 난다. 하지만 투구가 머리를 짓누른다고 해서 벗으면 신체 부위 중에 가장 중요한 머리가 무방비 상태가 된다. 부모에게는 자녀 양육의 수고와 인내가 마치 군인의 투구와 같다. 투구를 벗어버리는 것은 부모임을 포기하겠다는 선언이기 때문이다. 자녀 양육을 위한 끊임없는 인내와 수고는 모든 부모들이 갖추어야 하는 기본 중의 기본인 것이다. 부모의 인내의 눈물을 먹는 자녀라는 나무는 장차 큰 거목으로 자랄 것이다.

다섯째, 행복의 신발을 신어야 한다. 군인이 신발을 신지 않으면 한 걸음도 전진할 수 없다. 자녀를 양육할 때 군인의 신발과 같은 것이 바로 부모의 행복이다. 행복하지 못한 부모는 자녀를 행복하게 키울 수 없다. 부모가 우울하면 자녀도 우울하기 마련이다. 자녀가 행복해지려면 부모가 먼저 행복해져야 한다. 자녀가 행복한 삶을 살아가길 원한다면 부모가 먼저 행복한 삶을 보여줘야 한다. 부모가 행복이란 신발을 신지 않으면 절대 자녀를 행복의 길로 인도하지 못할 것이다.

이상에서 소개한 부모의 전신갑주 즉 말씀의 검, 믿음의 방패, 의의 갑옷, 인내의 투구, 행복의 신발은 부모라면 누구나 갖춰야 할 것들이다. 이것들을 제대로 갖추지 않고 자녀를 양육한다면 십중팔구는 실패하고 말 것이다. 군인이 전쟁터에 나가기 위해 비장한 마음으로 전신갑주를 입듯이 부모라면 자녀 앞에 서기 전에 비장한 마음으로 전신갑주를 입어야 한다. 뱃사람은 배를 타기 전에 한 번 기도하고 군인은 전쟁터에 나가기 전에 두 번 기도한다고 한다. 하지만 부모는 자녀를 바르게 양육하기 위해 평생 기도해야 할 것이다.

1. 다음에서 제시하는 부모의 전신갑주를 잘 살펴보고 나의 상태를
   점검해보자.

   ① 말씀의 검

   　　나의 입에서 나오는 말은 의사의 메스가 될 수도 있고 비수가

   　　될 수도 있다. 내 말은 자녀에게 주로 어떤 역할을 하는가?

   ② 믿음의 방패

   　　자녀에 대한 긍정적인 믿음이 없다면 끊임없는 비교가 나를 흔

   　　들 것이다. 자녀에 대한 흔들리지 않는 믿음을 가져라. 나의 믿

   　　음대로 자녀는 변할 것이고 그런 인생을 살아갈 것이다.

   ③ 의의 갑옷

   　　도둑질을 하는 부모도 자녀에게 도둑질을 가르치지는 않는다.

   　　도둑질이 옳지 않다는 것을 알기 때문이다. 하지만 옳지 않은 것

   　　이면 자녀 앞에서도 하지 말아야 한다. 당신이 자녀 앞에서 자주

   　　범하는 옳지 않은 행동은 무엇인가? 고치겠다고 결심해보자.

   ④ 인내의 투구

   　　자녀를 키우다 보면 시쳇말로 뚜껑이 열릴 때가 한두 번이 아니

   　　다. 그렇지만 그때마다 부모는 인내해야 한다. 그렇지 않으면

   　　자녀가 부모에게 품는 신뢰가 날아갈 것이다. 특히 화를 조절하

   　　는 아빠의 능력은 자녀의 좋은 품성 형성에 매우 중요하다.

⑤ 행복의 신발

행복한 부부 생활을 보여주지 못하는 부모가 자녀 양육을 제대로 할 수 있을 거라는 생각은 버려라. 자녀가 행복하게 살기를 소망하기 전에 자기의 삶을 행복하게 바꾸기 위해 노력하라.

좋은 부모 되기 위한 오늘의 선포

나는 전신갑주로 무장한 좋은 부모의 모습을 보여줄 것이다!

📖 하루 중 가장 좋은 기회를 잡아서 자녀에게 반드시 속삭여주거나 문자로 보내자.

사랑하는 딸아! 그 무엇도 너를 불행하게 할 수는 없단다.

자랑스러운 아들아! 항상 어깨 펴고 당당하게 살아가거라.

✍ 구체적으로 적어보고 머릿속으로 1분 동안 그려보자.

부모의 믿음대로 잘 성장해 있는 자녀 모습 상상하기

💧 물 한 방울은 미약하지만 바위를 뚫는다. 나의 작은 실천이 모여 내 자녀의 인생을 뚫을 것이다.

내 자녀에 대한 믿음 회복하기

자녀를 남과 비교하지 않는지 생각해보기, 남과 비교해서 칭찬하거나 비난하지 않기

👑 인생은 말한 대로 이루어진다. 가슴을 펴고 당당하게 외쳐보자.

내가 좋은 부모가 되겠다고 선포하면 나는 이미 좋은 부모가 된 것이다.

나는 좋은 부모이다. 내 자녀는 행복하고 성공하는 인생을 살 것이다.

내 자녀도 나처럼 나중에 좋은 부모가 될 것이다.

실력이 칼이라면 성품은 칼집이다

우리가 흔히 보검寶劍 혹은 명검名劍이라고 말할 때 칼만 가리키는 것이 아니다. 시퍼렇게 날선 검과 검을 싸고 있는 칼집을 다 이르는 말이다. 아주 좋은 검일수록 거기에 걸맞은 칼집을 갖춰야 하는 것이다. 보검일수록 좋은 칼집에 보관해야 한다. 그래야 안전할 뿐만 아니라 품격도 유지된다. 칼은 보검인데 칼집이 없거나 보잘것없다면 위험천만할 뿐만 아니라 값어치가 급격히 떨어진다. 보검일수록 잘 다루어야 하고 함부로 휘두르지 않아야 한다. 그리고 안전하고 품격 있는 칼집에 들어가 있어야 그 진가를 발휘하는 것이다.

이 칼과 칼집 이야기를 우리 아이들에게 대입해보자. 아이들의 실력은 칼에, 성품은 칼집에 비교할 수 있을 것이다. 이 둘 다 중요하다. 그런데 현실에서 보면 칼집은 무시하고 칼만 중요시하는 경향이 없잖아 있는 것 같다. 학교 현장에서 보면 자녀의 실력 향상에는 굉장히 많은 시간과 돈을 들이지만 자녀의 성품 형성에는 별로 관심이 없는 부모들이 많다. 시험 점수를 몇 점 받았는지 혹은 몇 등을 했는지에는 관심을 기울이면서 아이의 인성이나 대인 관계 등은 별로 신경을 쓰지 않는 것이다.

이렇게 실력만 중시하고 성품 형성에는 관심이 없으면 어떻게 되겠는가? 그 아이는 후에 부모의 큰 근심거리로 전락할 수 있다. 성품이 받쳐주지 않는 실력은 마치 칼집 없는 칼과 같다. 칼집이 없을 경우 칼이 좋으면 좋을수록 더욱 문제가 커진다. 주변의 많은 사람이 다칠 수 있다. 차라리 이가 다 빠지고 날이 서지 않은 형편없는 칼이라면 오히려 안심일 것이다. 반인륜적이고 지탄의 대상이 되는 사람들이 신문지상을 장식하는 까닭은 실력은 좋지만 바른 품성을 지니지 못한 결과일 것이다.

아이들을 제대로 키우려면 실력도 중요하지만 그에 못지않게 품성도 중요하게 다루어야 한다. 자녀의 시험 점수만큼이나 품성 점수도 중요하다. 실력과 품성이 같이 갈 때 아이는 균형 있고 행복하고 성공하는 인생을 살아갈 수 있을 것이다. 실력을 길러주기 위해 좋은 학교와 학원에 보내거나 과외를 시키는 그 열정을 우리 아이들의 품성 형성에도 쏟아야 한다.

실력은 학교나 학원 등에서 얼마든지 키울 수 있지만 품성은 학교나 학원에서 키우는 데 한계가 있다. 품성은 가정에서 키워주어야 한다. 아무리 어려운 수학 공식이라도 잘 가르치는 선생님에게 배우면 어렵지 않게 이해할 수 있다. 하지만 품성은 그렇지 않다. 거짓말을 하지 말라고 귀에 못이 박이게 이야기한다고 해서 아이의 정직한 품성이 길러지는 것은 아니다. 철저하게 훈련시키고 연습시키지 않으면 절대 품성으로 자리 잡을 수 없다. 더불어 부모가 모범을 보이지 않으면 만사가 허사인 것이다.

실력은 어느 순간 좋은 선생님을 만나면 없다가도 생길 수 있지만 품성은 서서히 형성되기 때문에 한순간에 바뀔 수 없다.

품성이 좋은 아이는 실력도 좋다. 성실성이라는 좋은 품성을 지닌 아이는 지금 당장은 아니더라도 결국에는 공부를 잘할 수 있다. 이런 면에서 보면 실력과 품성 중 중요시되어야 할 덕목은 품성이다.

당신의 자녀에 대한 관심은 어디에 집중되어 있는가? 실력인가? 아니면 품성인가? 당신의 지혜가 필요할 때이다.

생각해보고 꼭 적어봅시다!

1. 나는 평소 자녀의 품성과 실력 중에 어느 것에 더 관심이 있는가?

_____

_____

_____

_____

_____

_____

_____

자녀의 좋은 품성과 좋지 않은 품성이 무엇인지 두 가지씩 적어보자.

① 좋은 품성

_____

_____

_____

_____

② 좋지 않은 품성

_____

_____

_____

_____

3. 자녀의 좋은 품성은 항상 칭찬하며 인정하고 격려해주자. 아이들은 자신에게 좋은 재능이 있는데도 깨닫지 못하는 경우가 있다. 장점을 격려해주고 개발해주는 것이 단점을 지적하고 찾아내는 것보다 품성 형성에 훨씬 좋다.

4. 내 자녀가 실력이 좋은 아이라면 그 실력을 잘 사용해 남을 도울 수 있는 사람으로 키워야 한다. 자녀가 자라면 자기도 행복하고 남도 행복하게 하는 아름다운 인생을 살아갈 것이다. 좋은 재능은 나눌 때 의미가 있다. 또한 좋은 재능은 나누라고 준 것이다. 당신 자

너에게도 다른 사람에게 나눠줄 만한 재능이 있을 것이다. 고민해
보자.

_____

_____

_____

_____

_____

좋은 부모 되기 위한 오늘의 선포
나는 실력도 있고 좋은 품성을 가진 부모의 모습을 보여줄 것이다!

▤ 하루 중 가장 좋은 기회를 잡아서 자녀에게 반드시 속삭여주거나 문자로 보내자.
사랑하는 딸아! 너는 엄마의 가장 귀한 보석과 같은 존재란다.
자랑스러운 아들아! 아빠는 너만 보면 힘이 솟는단다.

✐ 구체적으로 적어보고 머릿속으로 1분 동안 그려보자.
자녀가 실력과 품성을 겸비한 멋진 청년이 되어 있는 모습 상상하기

✔ 물 한 방울은 미약하지만 바위를 뚫는다. 나의 작은 실천이 모여 내 자녀의 인생을 뚫을 것이다.
자녀의 좋은 품성 칭찬해주기
눈에 보이는 좋은 품성 칭찬해주기, 평소 보이지 않는 좋은 품성을 찾아서 칭찬해주기

♕ 인생은 말한 대로 이루어진다. 가슴을 펴고 당당하게 외쳐보자.
　 내가 좋은 부모가 되겠다고 선포하면 나는 이미 좋은 부모가 된 것이다.
나는 좋은 부모이다. 내 자녀는 행복하고 성공하는 인생을 살 것이다.
내 자녀의 좋은 품성을 키워주는 부모가 될 것이다.

속더라도 믿어주어라

6학년 담임을 할 때 만난 한 남자아이 이야기이다. 그 남자아이는 매사 부정적이었다. 필자가 보기에는 능력이 있는 아이인데 부정적인 생각 때문에 자기 능력을 발휘하지 못하는 것 같았다. 특히 그 아이는 수학에 열등감이 컸다. 시험에서는 80점 정도를 맞았는데 그 아이는 수학 100점은 꿈도 안 꾼다고 했다. 필자는 어느 하루 점심 시간에 그 아이를 불러놓고 말했다. "너는 공부를 하면 잘할 것 같은데 네 능력을 스스로 낮게 평가하는 것 같다. 수학도 공부만 하면 100점 맞을 것 같은데…" 그런데 그 아이는 피식 웃으면서 "제가 어떻게 수학을 100점 맞아요?"라고 했다. 그래서 필자는 반에서 수학을 제일 잘하는 여자아이를 불렀다. 그리고 그 아이에게 물었다. "너는 수학 100점 맞을 수 있니?" 그 여자아이가 자신 있게 말했다. "그럼요. 실수만 하지 않으면 100점 맞을 수 있어요." 남자아이를 바라보면서 "너하고 얘하고 무슨 차이가 있는 줄 아느냐?"고 물었더니 그 아이가 대답을 못했다. 그래서 필자가 "너와 얘는 딱 한 가지 차이점이 있어. 너는 수학을 100점 맞지 못한다고 믿고, 얘는 수학을 100점 맞는다고 믿고 있어. 그 차이가 점수 차가 되어서 나타나는 거야"라고 말해주었다. 그러고는 덧붙여서 이런 말도 해주었다. "선생님은 네가 능력이 충분히 있다고 믿어. 너의 능력을 믿고 열심히 하면 지금보다 훨씬 더 나은 결과가 있을 거야. 선생님은 너를 믿어."

이후에 그 아이는 태도가 많이 달라졌다. 전보다 훨씬 긍정적으로 변했고 공부 시간에도 훨씬 더 집중했다. 성적도 자연스럽게 올라서 학년 말에는 95점 이상을 받았다. 그리고 나중에 졸업할 때쯤 그 아이는 이런 말을 했다. "선생님 말씀대로 생각을 바꾸고 믿으니까 정말 그렇게 되네요. 고맙습니다."

사람은 희한하게도 누군가 자기를 믿어주면 힘이 나고 능력을 발휘하기 시작한다. 그 누군가가 부모님이나 선생님이면 더 큰 위력을 발휘한다. 믿음은 기적을 만들어내곤 한다.

필자가 반 아이들에게 어떤 말을 하면 아이들은 간혹 의심의 눈초리로 바라본다. 그럴 때 필자는 "너희들은 어떻게 선생님 말도 안 믿냐? 그러면 엄마 아빠 말도 안 믿니?"라고 하면 아이들 말이 걸작이다. "안 믿어요. 엄마 아빠도 저희들 안 믿으니까요…." 웃어 넘기기에는 좀 씁쓸한 말이다. 아이들 말을 들어보면 이렇다. 엄마에게 오늘 숙제가 없다고 해도 믿지 않고 다른 엄마에게 확인 전화를 한다는 것이다. 이런 일들이 자주 반복되면 아이들은 부모님이 자기를 신뢰하지 않는다는 것을 알고 실망하거나 상처를 받는다. 믿음을 받고 자라난 아이들이 남도 잘 믿고 신뢰받는 사람이 된다.

부모들도 지난날을 돌이켜보면 오늘이 있기까지 중요한 역할을 감당해준 누군가가 있을 것이다. 속는 줄 알면서 믿어준 부모님, 자기를 믿고 큰일을 맡겨준 상사, 잠재력을 일깨워준 선생님. 이제는 우리가 이와 같은 사람이 되어야 한다.

아이들은 누군가 자기를 격려해주기를 절실히 원하고 있다. 또한 누군가 자기를 믿어준다는 말을 듣고 싶어 한다. 그 역할을 부모인 당신이 해준다면 아이는 분명 인생에 날개를 달 것이다. 아이는 분명 잠재력 이상의 능력을 발휘하면서 인생을 살아갈 것이다. 결심하자. 자녀가 속일지라도 슬퍼하거나 노하지 않고 끝까지 자녀를 신뢰할 것이라고.

생각해보고 꼭 적어봅시다!

1. 나는 자녀를 어느 정도나 신뢰하는가? 혹시 자녀가 무슨 말을 하면 의심부터 하지는 않는가? 자녀에게 한번 물어보자. 엄마 아빠가 자녀를 얼마나 신뢰해주는지를 말이다.

2. 상대에 대한 신뢰는 말로 표현하기 전까지는 상대가 잘 모르는 경우가 많다. 자녀에게도 엄마 아빠가 신뢰하고 있다는 표현을 자주 해줘야 된다. 부모에게 신뢰받는 아이들은 정서가 굉장히 안정되어 있다. 오늘 다음과 같은 말들로 자녀에 대한 믿음의 표현을 해보자.

- 아빠는 우리 딸 믿는다.

- 엄마는 우리 아들이 어려움을 이겨낼 거라고 믿어.

- 엄마는 우리 아들이 하는 말은 철석같이 믿는다.

- 아빠는 너에게 그런 능력이 있다는 것을 안단다.

3. 자녀에게뿐만 아니라 배우자에게도 믿음의 표현을 자주 하는 것이 좋다. 오늘 배우자에게 멋진 믿음의 표현을 해보라. 그러면 배우자의 축 처졌던 어깨가 올라갈 것이다.

좋은 부모 되기 위한 오늘의 선포

나는 자녀를 항상 믿어주고 신뢰하는 부모가 될 것이다!

▤ 하루 중 가장 좋은 기회를 잡아서 자녀에게 반드시 속삭여주거나 문자로 보내자.

사랑하는 딸아! 아빠는 널 믿는다.

자랑스러운 아들아! 어려움을 극복할 수 있는 능력 있다고 믿는다.

✍ 구체적으로 적어보고 머릿속으로 1분 동안 그려보자.

부모의 신뢰를 받고 자란 자녀가 남들에게 신뢰감 있는 사람이 된 모습

✔ 물 한 방울은 미약하지만 바위를 뚫는다. 나의 작은 실천이 모여 내 자녀의 인생을 뚫을 것이다.

자녀에게 믿음과 신뢰의 표현해주기

믿음과 신뢰의 표현 만들어 문자 보내기 또는 자녀의 등을 토닥이며 속삭여주기

♛ 인생은 말한 대로 이루어진다. 가슴을 펴고 당당하게 외쳐보자.
　 내가 좋은 부모가 되겠다고 선포하면 나는 이미 좋은 부모가 된 것이다.

나는 좋은 부모이다. 내 자녀는 행복하고 성공하는 인생을 살 것이다.

내 자녀가 나로 인해 포용력 있고 믿어주는 사람이 될 것이다.

조급해하며 먼저 해주지 말라

'줄탁동시^{啐啄同時}' 란 말이 있다. 문자 그대로 해석하면 '줄' 과 '탁' 이 동시에 이루어짐을 말한다. '줄' 은 병아리가 달걀에서 나오기 위해 껍질을 깨는 것을 말하고, '탁' 은 이런 병아리를 도와주기 위해 어미닭이 달걀 껍질을 쪼아주는 것을 말한다. 문자상으로는 '줄' 과 '탁' 이 동시에 된다지만 실은 항상 '줄' 이 우선이라고 한다.

어미닭은 달걀 속에 들어 있는 병아리가 껍질을 쪼는 소리를 내야만 도와준다고 한다. 안에서 쪼는 소리가 나지 않는 달걀은 절대 쪼아주지 않는다고 한다. 이런 어미닭이 언뜻 무정해 보일 수 있다. 하지만 다 이유가 있다. 병아리가 '줄' 도 하지 않았는데 어미닭이 '탁' 을 해주면 그 병아리는 십중팔구 병약해서 죽고 만다고 한다. 병아리는 달걀 껍질을 깨고 나오면서 이 세상에서 살아갈 힘을 얻는 것이다. 보기에는 안쓰럽지만 그런 과정이 없으면 병아리는 생존할 확률이 거의 없다. 어미닭은 이것을 잘 알기에 절대로 먼저 껍질을 쪼아주지 않는다. '줄' 을 하지 않는 병아리는 알 속에서 숨이 막혀 죽는 것이다.

닭은 가축이지만 새끼를 키우는 면에서 우리 인간보다 낫다는 생각도 해본다. 우리는 어미닭을 보면서 다음과 같은 지혜를 배워야 할 듯하다.

첫째, 어미닭은 서두르지 않는다는 점이다. 28일을 기다릴 줄 알고 알에 있는 병아리가 '줄'을 할 때까지 기다릴 줄 안다. 만약 성급한 어미닭이 있어서 알에서 병아리가 '줄'도 하지 않았는데 껍질을 쪼아준다면 그 병아리는 죽게 된다. 하지만 이렇게 성질 급한 어미닭은 없다. 이에 반해 우리 인간의 어미들은 너무 성급하다. 아이가 스스로 무엇인가를 해볼 때까지 기다려주지 않는다. 학교에서 보면 학원에 많이 다녀서 인생이 버거운 아이들이 너무 많다. 그 아이들의 한결같은 절규는 "학원 때문에 못 살겠다"이다. 필자 생각에 이 아이들은 경우는 본인이 '줄'도 하지 않았는데 부모가 '탁'을 해주는 경우이다. 이는 학원을 보내서 공부를 잘하게 되기는커녕 공부와 아예 담을 쌓게 만드는 요인이다.

내 아이에 대한 조급증은 부모들이 가장 경계해야 할 양육 태도 중의 하나이다. '사람은 백 번 된다'라는 말이 있다. 이는 사람의 무한한 가능성을 내포하는 말이다. 공부를 못하던 아이도 어떤 계기를 만나면 공부를 잘할 수 있다. 그러나 공부를 좀 못한다고 일찌감치 포기해버리는 자녀에게는 이런 기회가 찾아오지 않는다. 자녀 양육은 100m 단거리가 아니라 마라톤과 같다. 자녀를 믿고 기다려준다면 분명 자녀 스스로 '줄'을 하는 날이 올 것이다. 그때 부모는 '탁'을 해주면 되는 것이다.

둘째, 어미닭은 스스로 할 기회를 준다는 점이다. 병아리가 알에서 스스로 껍질을 쪼을 기회를 제공하는 것이다. 어미닭도 그것이 병아리에게 얼마나 큰 고통인지 알 것이다. 하지만 그렇게 큰 고통을 이겨내야만 험난한 세상을 살아갈 수 있음을 알기에 스스로 하게 내버려둘 것이다. 요즈음 아이들을 보면서 가장 안타까운 것 중의 하나가 스스로 할 줄 모른다는 점이다. 공부도 엄마가 짜준 계획표대로 공부하고 여가 활동도 엄마가 짜준 계획표대로 움직인다. 사귀는 친구조차도 엄마들끼리 친하니까 친구가 되는 경우가 많다. 그래서인지 아이들에게서 자신의 삶을 스스로 개척하면서 살아가고자 하는 근성을 찾아보기 어렵다. 다분히 의타적이고 의존적이다. 어렸을 때부터 남이 해주는 결정대로 인생을 사는 것에 익숙하다 보니 자기 인생을 스스로 개척해보겠다는 정신이 부족한 것이다. 어렸을 때부터 스스로 하게 해주어야 한다. 넘어져도 스스로 일어서고, 자기 방도 스스로 정리해야 한다. 필자가 4학년을 담임하면서 조사해보았더니 4학년인데도 부모님이 씻어준다는 아이가 많았다. 이런 것은 분명 부모의 자상함과는 좀 거리가 있다. 4학년이 되었는데도 자기 몸을 스스로 못 씻고 부모가 대신 해주는 것은 생각해볼 일이다. 아이들의 홀로서기는 부모들 나름의 스케줄에 의해 반드시 진행되어야 한다. 스스로 할 수 있는 기회는 많이 제공해주되 실패했을 때 비난하지 않아야 한다. 처음부터 잘하는 사람은 아무도 없다.

우리 인간은 끊임없이 남과 비교하기를 좋아한다. 자녀를 양육하면서도 끊임없이 비교한다. 그러면서 쾌재를 부르기도 하고 절망에 빠지기도 한다. 하지만 이런 비교 의식은 자녀를 양육하는 데 가장 큰 적이다. 아이 그대로 인정해주면서 기다릴 줄 아는 부모가 좋은 부모이다. 무엇인가를 스스로 해보게 하고 할 수 있게 훈련시키면서 기다리는 부모야말로 좋은 부모이다.

생각해보고 꼭 적어봅시다!

1. 나는 자녀의 어떤 부분에서 조급함을 느끼는가? 적어보고 그 조급함이 자녀에게서 비롯됐는지, 아니면 남과의 비교 의식에서 비롯됐는지 생각해보자.

2. 나는 평소 자녀에게 스스로 해볼 기회를 주고 있는가? 혹시 자녀가 직접 해보겠다는데 미숙하다고 제지하고 해볼 기회조차 주지 않는 것은 아닌가?

3. 자녀 대신 해주는 일 가운데 이제는 자녀가 스스로 해야 된다고 생각하는 일의 목록을 적어보자. 그리고 어떻게 훈련시켜서 스스로 할 수 있게 해줄지 생각해보자.
   ① 자기 물건 정리하기 : 구체적으로 어떻게 정리하는지 보여주고

시간이 다소 걸리더라도 스스로 마무리할 때까지 지켜본다.

_____

_____

_____

_____

_____

좋은 부모 되기 위한 오늘의 선포
조급함으로 인해 자녀의 인생을 망치지 않을 것이다!

📖 하루 중 가장 좋은 기회를 잡아서 자녀에게 반드시 속삭여주거나 문자로 보내자.
사랑하는 딸아! 너는 보석이야.
자랑스러운 아들아! 너는 보석처럼 빛나는 인생을 살 거야.

✏ 구체적으로 적어보고 머릿속으로 1분 동안 그려보자.
자녀가 자기 일을 스스로 할 뿐 아니라 남을 돕는 인생을 살아가는 모습 상상하기

✔ 물 한 방울은 미약하지만 바위를 뚫는다. 나의 작은 실천이 모여 내 자녀의 인생을 뚫을 것이다.
자녀의 좋은 습관 길들여주기
처음에는 방법을 잘 가르쳐주고 자녀가 마칠 때까지 인내하며 기다려준다.

👑 인생은 말한 대로 이루어진다. 가슴을 펴고 당당하게 외쳐보자.
내가 좋은 부모가 되겠다고 선포하면 나는 이미 좋은 부모가 된 것이다.
나는 좋은 부모이다. 내 자녀는 행복하고 성공하는 인생을 살 것이다.
내 자녀는 스스로 인생을 개척해나갈 것이다.

자녀에 대한 소망의 끈을 놓지 말라

필자가 6학년 담임을 할 때 대책이 서지 않는 아이가 한 명 있었다. 하루가 멀다 하고 친구들과 싸우고 매사 비아냥거리고, 한마디로 정이 좀 떨어지는 아이였다. 그런데 그 아이의 엄마 태도가 참 재미있었다. 자녀에 대해 굉장히 긍정적이었다. 자기 자녀에 대해 굉장히 소망이 컸고 그 소망을 절대 포기하지 않았다. 보통의 부모라면 그런 자녀에 대해 부정적인 말이나 평가를 할 만한데 그 엄마는 절대 부정적으로 말하지 않았다.

처음에는 자녀에 대해 너무 모르는 것이 아닌가 하고 생각했는데 그런 것이 아니었다. 그 엄마는 자기 자녀에 대해 정확히 파악하고 있었고 언젠가는 달라질 것이라고 믿고 있었다. 하지만 필자가 담임하는 동안에 아이는 별 변화가 없었다. 필자도 솔직히 그 아이 때문에 많이 힘들었지만 그 엄마 때문에 참은 적도 많다.

그렇게 초등학교를 졸업하고 그 아이는 중학생이 되었다. 그런데 하루는 그 아이의 동창들이 찾아와서 "선생님! 그 아이 있잖아요. 많이 변했어요. 공부도 열심히 하고요. 맘 잡았나 봐요"라고 말했다. 필자도 어찌된 영문인지 궁금해하고 있었는데 그 아이가 중학교 2학년 어느 날에 한 번 찾아왔다. 그래서 아이에게 어떻게 해서 마음 잡고 공부를 하게 되었느냐고 물었다. 아이가 이렇게 대답하는 것이었다. "뭐 별거 없어요. 제가 엄마한테 졌어요. 엄마 실망시키지 않으려고요."

많은 사람은 기다리다가 지쳐서 소망의 끈을 놓아버린다. 그 소망의 끈을 놓아버리는 순간 사람은 순식간에 부정적으로 변하고 만다. "왜 내 아이는 변하지 않을까?" "내 자식이 사람 구실이나 하고 살까?" "내가 무슨 죄를 지었기에 이런 자식을 만났을까?"와 같은 극단적인 생각으로 치닫기도 한다.

하지만 조금 늦은 건 결코 늦은 게 아니다. 기다리고 기다리면 마침내 소원하는 일이 이루어지듯 자녀에 대한 소망의 끈을 놓지 않으면 앞 예화에서 등장한 엄마에게 일어난 일과 똑같은 일이 일어날 수 있다. 부모가 아이에게 소망을 가지지 않는다면 이 세상에서 누가 그 아이에게 소망을 가지겠는가?

'내 아이는 절대 안 돼' '내 아이는 틀렸어'와 같은 거짓말에 속지 말아야 한다. 부정적인 생각을 떨쳐버리고 긍정적인 생각을 가져야 한다. 그리고 기대해야 한다. '내 아이는 반드시 성공하고 행복한 인생을 살아갈 것이다.' '내 아이는 반드시 아름다운 인생을 살아갈 것이다.'

어떤 상황 속에서도 자녀에 대한 소망의 끈을 놓지 말기 바란다. 어떤 상황 속에서도 자녀에 대한 소망의 끈을 붙들기 바란다. 인내하면서 참아야 한다. 인내는 소망을 이루는 거름이다. 인내하다 보면 마침내 그 소망이 현실이 되어 나타날 것이다.

생각해보고 꼭 적어봅시다!

1. 나는 자녀에 대해 소망을 잃지는 않았는가? 너무 많은 부분에서 포기한 건 아닌가? 다시 한 번 소망을 품기 바란다. 소망의 끈을 놓지 않는 이상 그 소망은 여전히 살아 있을 것이다. 나는 자녀에 대해 어떤 소망을 품고 싶은가?

_____

_____

_____

_____

_____

2. 소망을 포기하는 순간 사람은 부정적으로 변한다. 자녀를 바라보라. 부정적으로 보이는가? 그러면 분명 자녀에 대한 소망을 잃어버렸을 확률이 높다. 소망을 다시 한 번 품으라. 그것만이 내가 살 길이고 내 자녀가 살 길이다.

3. 자녀에게 내가 품고 있는 소망을 자주 말해주어라. 그러면 알게 모
   르게 자녀에게 나의 소망이 옮겨갈 것이다. 그리고 마침내 어느 순
   간 그 소망을 이룬 모습을 볼 수 있을 것이다.

좋은 부모 되기 위한 오늘의 선포

나는 자녀에 대한 소망의 끈을 절대 놓지 않을 것이다!

📃 하루 중 가장 좋은 기회를 잡아서 자녀에게 반드시 속삭여주거나 문자로 보내자.
사랑하는 딸아! 너는 엄마 아빠의 소망이란다.
자랑스러운 아들아! 너는 엄마 아빠의 희망이란다.

✏️ 구체적으로 적어보고 머릿속으로 1분 동안 그려보자.
부모가 참고 인내하며 소망의 끈을 놓지 않았더니 그 소망대로 장성한 모습 상상하기

💧 물 한 방울은 미약하지만 바위를 뚫는다. 나의 작은 실천이 모여 내 자녀의 인생을 뚫을 것이다.
내 자녀에 대해 소망이 없다면 다시 소망 갖기
자녀에 대한 소망이 있다면 그 소망을 표현하고 더욱 굳건히 하기

👑 인생은 말한 대로 이루어진다. 가슴을 펴고 당당하게 외쳐보자.
　내가 좋은 부모가 되겠다고 선포하면 나는 이미 좋은 부모가 된 것이다.
나는 좋은 부모이다. 내 자녀는 행복하고 성공하는 인생을 살 것이다.
자녀에 대해 소망이 있음을 자주 표현하는 부모가 될 것이다.

초등학교 때 반드시 획득해야 할
덕목 '근면성'

머리가 좋아서 공부를 잘하는 아이가 있는가 하면 열심히 노력해서 공부를 잘하는 아이가 있다. 필자는 후자에게 훨씬 높은 점수를 주고 싶다. 왜냐하면 머리가 좋아서 공부를 잘하는 아이는 학창 시절이 끝나면 별로 환영받지 못하지만, 근면성을 갖춘 아이는 학창 시절이 끝난 후에 오히려 더욱 빛을 발하기 때문이다. 근면성은 공부뿐만 아니라 무슨 일을 하든지 갖춰야 할 덕목이다.

이런 이유에서 필자에게 초등학생 때 꼭 훈련시키고 갖춰야 할 덕목이 무엇이냐고 묻는다면 '근면성'이라고 답할 것이다. 아무리 좋은 재능을 가지고 태어났다 하더라도 최소한의 근면성 내지는 성실성을 갖추지 않고는 아무것도 아님을 우리는 매우 잘 알고 있다.

자녀를 성공하는 사람으로 만들고 싶으면 근면성부터 길러주어야 한다. 근면성은 마치 운동 선수에게 기초 체력과도 같다. 운동 선수가 기초 체력이 없으면 좋은 기록이나 좋은 결과를 낼 수 없듯이 근면성이 없는 사람에게는 별로 기대할 것이 없다.

그런데 우리는 자칫 이 근면성을 등한시하기 쉽다. 왜냐하면 근면성은 당장에는 커 보이지 않기 때문이다. 예를 들어 아이가 공부를 열심히 하지 않았는데 성적이 좋게 나왔다면 이를 나무랄 부모는 거의 없다. 반대로 준비는 열심히 했지만 성적이 별로 좋지 않게 나오는 경우에는 나무라는 부모가 많다. 하지만 이렇게 하면 아이에게 근면하게 준비하는 과정은 필요 없고 결과만 중요하다는 잘못된 인식을 심어줄 수 있다.

근면성은 어떤 과제를 아이가 잘 완성했을 때 부모가 그것을 인정하고 격려해주는 과정에서 형성된다. 이런 과정을 통해 아이는 '나도 할 수 있다' '나도 남 못지않게 좋은 능력을 지니고 있다' '나도 열심히 하면 무엇인가를 잘할 수 있구나' 하고 생각하면서 근면성을 키우는 것이다. 그런데 이 과정에서 결정적인 역할을 수행하는 것이 바로 부모와 교사이다. 부모와 교사가 칭찬과 격려를 해주면 근면성이 자라지만 비난과 조롱을 하면 열등감이 자라기 쉽다. 또한 부모나 교사가 결과만 가지고 따지면 자녀에게 건전하지 않은 경쟁심과 비교 의식이 싹터서 좋지 않은 결과를 가져오게 된다.

지나치게 성적에 집착하는 부모들 중에는 자녀가 수능이라도 본 것처럼 시험 결과에 일희일비하는 경우를 종종 본다. 하지만 이런 부모라면 자녀의 근면성을 길러주기가 어렵다. 이런 부모들은 자녀를 감시하고 강압해 어떻게든 당장 성적을 올리려고 한다. 하지만 근면성을 중시하는 부모는 평소에 왜 공부를 해야 하는지와 목적과 의지를 다져주고 공부하는 태도를 가르쳐준다. 근면성은 공부의 결과라기보다는 공부의 과정이다. 근면성은 과정을 따지는 것이다. 또한 근면성은 단기적인 결과보다는 장기적인 결과에서 효과가 드러난다.

초등학교에서 숙제를 내는 것도 따지고 보면 이 근면성을 길러주기 위한 것이다. 자기에게 주어진 과제를 스스로 노력해서 결국은 해내는 과정을 매일 연습하는 것이 숙제이다. 숙제에 대한 이런 인식이 부족하면 아이는 매일매일 숙제를 내주는 선생님을 원망하게 되고 부모는 자녀와 매일 싸우는 것이 일일 것이다. 부모는 숙제를 통해 자녀의 근면성을 길러줄 수 있다. 숙제를 하지 않는다는 것은 내 아이에게 근면성이 없다는 증거이다.

근면성을 길러주기 위해서는 앞에서도 잠깐 언급했듯이 부모가 칭찬과 격려를 많이 해주어야 한다. 또한 어렸을 때부터 자기 일은 자기가 스스로 하게 하는 것이 중요하다. 자기방 정리부터 시작해서 숙제도 가급적이면 자녀가 스스로 하도록 습관을 들여야 한다. 근면성을 길러주려면 무엇보다 집중력 훈련을 체계적으로 시켜야 한다. 초등학교 저학년이라면 30분 정도는 집중하면서 자기 과제를 수행할 수 있어야 한다. 상위 학년으로 갈수록 차츰 늘려가서 고학년이 되면 1시간 정도는 스스로 공부할 수 있는 집중력을 갖춰야 한다. 요즈음 아이들 중에는 집중력을 가진 아이들이 그다지 많지 않다. 학습량은 많지만 스스로 공부하면서 집중력을 키우는 일은 등한시하고 있는 것이다. 학원 보내면 당장은 편하고 자녀가 공부를 한다고 위안받을 수는 있다. 하지만 집중력 훈련이 되지 않은 상태라면 학원에 보낸다 한들 좋은 결과를 얻을 수 없다. 학원 보내는 것보다 우선시해야 할 일이 집에서 집중력 훈련을 시켜주는 것이다.

에디슨의 '천재는 1%의 영감과 99%의 노력으로 이루어진다' 라는 말에서 노력이란 바로 근면성을 의미한다. 이 근면성을 길러주는 열쇠를 지닌 사람이 바로 부모임을 명심해야 할 것이다.

생각해보고 꼭 적어봅시다!

1. 자녀의 근면성을 체크해보자. 다음 사항 중에서 내 자녀에게 해당되는 항목에 표시해보자. 항목당 10점씩 계산한다. 본 자료는 《성경적 부모 교실》이라는 책에서 발췌했다.

① 문제를 풀 때, 얼른 해답지를 찾기보다는 스스로 답을 풀어보려고 한다.

② 무슨 일을 끝까지 해내려는 지구력이 있다.

③ 쉬운 일보다는 어렵거나 힘든 일에 도전하려는 태도가 있다.

④ 어떤 과제를 완수하기 위해 열심히 노력한다.

⑤ 일단 시작한 일은 반드시 끝내겠다는 투지가 있다.

⑥ 학업, 숙제, 독서, 과제에 대한 집중력이 있다.

⑦ 매사에 열심히 하려는 적극성이 있다.

⑧ 부지런하고 적극적이다.

⑨ 자기 일을 잘 처리해나가는 편이다.

⑩ 어떤 목표를 위해 계획을 세우고 실행한다.

2. 집중력 훈련은 근면성 향상을 위해서나 학업 향상을 위해 중요하다. 다음과 같은 절차를 밟아 집중력 훈련을 시켜라. 보통은 독서로 집중력 훈련을 시킨다.

① 집중력이 부족한 아이는 5분 집중하는 훈련을 시작한다.

5분 동안 아무 말 없이 독서만 한다. 절대 말을 하거나 돌아다녀서는 안 된다. 엄마가 함께 해주는 것이 좋다. 아이가 말을 걸더라도 5분이 되기 전에는 무반응으로 일관해야 한다.

② 5분의 시간을 잘 마쳤을 때는 부모가 칭찬과 격려를 해준다.

"나는 네가 결국 해낼 줄 알았어. 장하다"와 같은 칭찬을 아낌없이 해주면 아이는 만족과 즐거움을 맛보게 되어서 계속 하고 싶어 한다. 이렇게 5분 집중이 되었다면 아이에게 5분 집중이 아주 자연스럽게 될 때까지 반복해서 훈련시켜야 한다. 이렇게 해서 훈련이 되면 다음에는 10분으로 넘어가면 된다. 하지만 욕심은 절대 금물이다.

③ 독서로 어느 정도 집중력이 길러졌다면 이제는 그 시간 동안 스스로 공부할 수 있는 능력을 길러주어야 한다. 스스로 공부할 수 있는 능력이 1시간 정도 된다면 초등학생인 경우 어느 정도 집중력이 길러졌다고 볼 수 있다.

3. 우리 아이에게 근면성을 길러주기 위해 할 수 있는 일을 적어보자.

_____

_____

_____

_____

_____

좋은 부모 되기 위한 오늘의 선포
언제나 성실하게 사는 부모의 모습을 보여줄 것이다!

▤ 하루 중 가장 좋은 기회를 잡아서 자녀에게 반드시 속삭여주거나 문자로 보내자.
사랑하는 딸아! 너의 성실성이 인생을 기름지게 할 것이다.
자랑스러운 아들아! 성실한 사람은 누구나 신뢰하고 좋아한단다.

✍ 구체적으로 적어보고 머릿속으로 1분 동안 그려보자.
자기 할 일을 잘 처리하는 근면한 사람으로 자란 자녀 모습 상상하기

✔ 물 한 방울은 미약하지만 바위를 뚫는다. 나의 작은 실천이 모여 내 자녀의 인생을 뚫을 것이다.
자녀의 근면성에 대해 칭찬해주기
일을 한번 시작하면 끝을 보려고 하는 투지 칭찬하기, 과제에 대한 집중력 칭찬하기

♛ 인생은 말한 대로 이루어진다. 가슴을 펴고 당당하게 외쳐보자.
내가 좋은 부모가 되겠다고 선포하면 나는 이미 좋은 부모가 된 것이다.
나는 좋은 부모이다. 내 자녀는 행복하고 성공하는 인생을 살 것이다.
내 자녀는 성실하고 근면한 사람으로 인생을 살아갈 것이다.

결국 습관이 경쟁력이다

성품 좋은 아이가 성공한다고 한다. 그런데 성품이라고 하면 조금 추상적이란 느낌이 든다. 하지만 습관이라고 표현하면 모든 사람들이 금세 이해를 한다. 성품은 다른 말로 습관이라고 할 수 있다. 성품은 행동으로 표출되기 마련인데 습관은 반복되는 행동을 이르는 말이기 때문에 성품을 습관이라 표현해도 큰 무리가 없는 것이다. 따라서 좋은 성품을 가졌다는 것은 좋은 습관을 가졌다는 것을 의미한다. 사람은 누구나 다 습관을 가지고 있다. 그것이 좋으냐 나쁘냐의 차이일 뿐 우리 모두는 습관을 가지고 있다. '습관은 사람이 만들지만 나중에는 습관이 사람을 만든다' 라는 말처럼, 습관은 한번 몸에 배면 쉽게 사라지지 않는 특징을 가지고 있다.

습관은 다음과 같은 과정을 통해 형성된다. 우리는 오감을 통해 많은 것을 보거나 듣는다. 이렇게 오감을 통해 들어온 것들은 우리의 생각이 되고 생각은 말이나 행동이 되어 나타난다. 행동을 자주 하다 보면 습관으로 굳어진다. 습관은 곧 그 사람의 인격이 된다. 인격은 그 사람의 인생을 성공이나 실패로 끌고 간다.

자기 안에 굳어 있는 습관이나 인격을 고치기란 뼈를 깎아내는 고통을 겪지 않고는 힘들다. 거짓말하는 습관이 밴 사람이 거짓말을 하지 않기는 좀처럼 쉽지 않다. 자신도 모르게 거짓말을 하곤 한다. 한번 생긴 물길로 계속 물이 흐르듯 한번 생긴 습관은 좀처럼 없어지지 않는다. 그래서 처음부터 좋은 습관을 들여야 하는 것이다.

학교에서 보면 좋은 습관을 들인 아이들과 나쁜 습관을 들인 아이들이 명확히 갈린다. 늘 지각하고 결석하는 아이가 있는가 하면, 항상 남보다 일찍 등교하고 한 번도 결석하지 않는 아이도 있다. 항상 고운말을 쓰는 아이가 있는가 하면, 욕을 달고 사는 아이도 있다. 또한 항상 못한다며 내빼는 아이도 있지만, 항상 긍정적이고 도와드릴 일 없느냐고 묻는 아이도 있다. 줄을 설 때 먼저 앞에 서겠다고 친구들과 싸우는 아이도 있지만, 기쁜 마음으로 양보하는 아이도 있다. 이런 습관적인 행동들을 열거하자면 끝도 없다. 그런데 습관은 다음과 같은 특징을 가지고 있다.

첫째, 습관들 하나하나가 모여서 그 아이의 경쟁력이 되고 실력이 된다. 수업 시간 끝나기가 무섭게 책상 위에 공부하던 것은 그대로 늘어놓고 뛰쳐나가는 아이가 있는가 하면, 어떤 아이는 깨끗이 치우고 다음 시간에 공부할 것을 책상 위에 가지런히 올려놓고 쉬었다 온다. 전자의 아이와 후자의 아이 중에 누가 공부를 잘하겠는가? 질문할 가치도 없다.

둘째, 습관은 철저한 훈련을 통해 얻어진다. 좋은 습관이 특히 그렇다. 나쁜 습관은 들이지 않으려 해도 금세 내 몸에 전염병처럼 붙어 떨어지지 않는다. 아침에 일찍 일어나는 습관은 2년 군생활을 통해서도 잘 붙지 않는다. 하지만 늦잠 자는 버릇은 한 달만 해도 습관이 되어서 고치기가 여간 어렵지 않다. 학교에서 보면 등교해서 선생님에게 정중하게 인사하는 아이가 있는가 하면 절대 인사하지 않는 아이도 있다. 정중하게 인사하는 아이들은 부모가 평소에 귀에 못이 박이도록 이르고 훈련을 시킨 결과이다. 하지만 인사를 하지 않는 아이들은 부모가 훈련을 시키지 않았기 때문에 선생님을 봐도 물끄러미 쳐다만 보는 것이다. 좋은 습관은 철저히 타이르고 계속되는 훈련을 통해서만 기를 수 있다.

셋째, 습관은 인격으로 굳어지지 않으면 소멸된다. 앞에서 말한 것처럼 어렵게 좋은 습관을 들였는데도 그 습관을 강화해주지 않으면 금세 소멸된다는 뜻이다. 만약 아이에게 독서하는 습관을 들이기 위해 30분씩 독서 훈련을 시켜서 겨우 습관을 들였다고 하자. 하지만 방치해두면 어느 순간 그 습관은 소멸되고 만다. 독서 습관이 인격으로 굳어질 때까지 계속 칭찬하고 격려해주어야 한다.

넷째, 자녀가 가진 습관은 대부분 부모의 습관이라는 사실이다. 자녀가 가지고 있는 습관을 잘 살펴보라. 많은 부분 부모의 습관을 닮아 있을 것이다. 자녀가 TV를 오래 보는 습관이 있는가? 부모 자신이 혹시 TV 마니아가 아닌지를 먼저 살펴야 할 것이다. 자녀가 화내는 습관이 있는가? 부모 자신이 화내는 습관이 있는지를 살펴야 할 것이다. 이런 경우 부모가 먼저 습관을 고쳐야 자녀도 고칠 수 있다.

나무가 휘어서 자라고 있으면 어릴 때는 바로잡아줄 수 있다. 어릴 때는 나쁜 습관도 고쳐줄 수 있지만 나중에는 고치기가 무척 힘들다. 자녀에게 좋은 습관을 들여주기 위해 애쓰고 있는가? 당신이 수고한 만큼 아이는 좋은 습관을 들일 것이고, 당신이 무관심한 만큼 아이는 나쁜 습관을 들일 것이다.

생각해보고 꼭 적어봅시다!

1. 자녀의 습관 가운데 좋은 습관과 나쁜 습관을 분류해서 적어보자.
   ① 좋은 습관

   _____

   _____

   _____

   _____

   ② 나쁜 습관

   _____

   _____

   _____

   _____

2. 자녀에게 어떤 습관이 생겼으면 좋겠는가? 그리고 그 습관이 생기게 하려면 어떻게 하면 좋을지 생각해보자.

① 자녀에게 생겼으면 하는 습관

_____

_____

_____

_____

② 습관 형성을 위해 어떻게 훈련시켜야 하는가?

_____

_____

_____

_____

_____

_____

3. 자녀에게 나쁜 습관이 있다면 그 습관이 어떻게 생겼는지 생각해보자. 혹시 나도 가지고 있는 습관은 아닌지 생각해보자. 나도 그 습관을 가지고 있다면 내가 고치기 전에는 자녀도 고치지 못할 것이다. 자녀가 TV를 지나치게 오래 보는 습관이 있다면 아마 부모인 당신도 TV를 많이 보고 있을 것이다. 이 습관을 끊기 위해 TV를 없애겠다고 각오하지 않는다면, 아이가 TV를 본다고 잔소리하

지 말아야 한다. 괜히 관계만 안 좋아진다. 어른도 끊기 힘든 습관을 어린 아이에게 끊으라고 하는 것은 말도 안 되는 소리이다.

4. 가장 좋은 습관은 긍정적으로 생각하는 습관이다. 자녀에 대해서뿐만 아니라 모든 사물이나 현상에 대해서도 끊임없이 긍정적으로 생각하도록 훈련하자. 그러면 자기도 모르게 긍정적인 말과 행동이 나오게 될 것이다.

좋은 부모 되기 위한 오늘의 선포

나는 좋은 습관을 들여 자녀에게 좋은 모습을 보여줄 것이다!

📖 하루 중 가장 좋은 기회를 잡아서 자녀에게 반드시 속삭여주거나 문자로 보내자.

사랑하는 딸아! 너의 좋은 습관들이 너를 아름다운 인생으로 이끌 거야.
자랑스러운 아들아! 너의 좋은 습관들이 너를 성공으로 이끌 거야.

✍ 구체적으로 적어보고 머릿속으로 1분 동안 그려보자.

자녀의 좋은 습관으로 성공하는 인생을 살아가는 모습 상상하기

💧 물 한 방울은 미약하지만 바위를 뚫는다. 나의 작은 실천이 모여 내 자녀의 인생을 뚫을 것이다.

자녀의 좋은 습관 찾아주고 격려해주기
습관까지는 아니지만 가끔 보이는 좋은 행동을 격려해주기

👑 인생은 말한 대로 이루어진다. 가슴을 펴고 당당하게 외쳐보자.
내가 좋은 부모가 되겠다고 선포하면 나는 이미 좋은 부모가 된 것이다.

나는 좋은 부모이다. 내 자녀는 행복하고 성공하는 인생을 살 것이다.
나는 자녀에게 당당한 모습으로 살아가는 부모가 될 것이다.

밥상머리 교육을 회복하라

밥 먹는 것은 인간에게 살아갈 에너지를 제공하는 것 이상의 특별한 의미가 있다. 청춘 남녀가 처음 만나 데이트를 할 때 함께 식사를 하고 나면 급격히 가까워지는 것을 볼 수 있다. 이것은 식사 행위가 단순히 삶의 에너지를 얻는 데서 그치지 않는다고 하는 좋은 예일 것이다.

이런 식사의 중요성 때문에 우리 조상들은 밥상머리 교육을 중요시했다. '밥상머리'라는 말은 밥상과 그 주변 자리를 말한다. 하지만 밥상머리는 단순히 공간적인 의미만 있는 것이 아니다. 밥상머리 교육에서 밥상머리는 밥상을 중심으로 자리뿐만 아니라 그 자리에서 나누는 대화와 식사 예절 등 전부를 포함하는 말이다. 때문에 전통적으로 우리나라의 밥상머리는 단순히 밥을 먹는 자리가 아니라 부모의 가정 교육의 현장일 뿐만 아니라 삶의 지혜 등이 두루 전수되는 자리였다. 한마디로 밥상머리 교육은 가정 교육의 산실이고 메카였던 것이다.

하지만 현대 사회로 접어들면서 가정에서 중요한 역할을 감당하던 밥상머리 교육은 점점 자취를 감추게 되었다. 가장 중요한 이유는 가족 구성원 모두가 바쁘기 때문이다. 일주일이 지나도 온 가족이 둘러앉아 식사 한 번 하기도 어려운 집들이 많다. 이런 현실에서 밥상머리 교육을 기대하기란 우물에서 숭늉 찾는 격이 될 것이다. 아이들에게 물어보아도 많은 아이가 아침밥은 거르며 점심은 학교에서 급식을 먹고 저녁은 기껏해야 엄마와 먹거나 혼자 먹는다는 아이들이 많다. 이런 분위기 속에서는 가족 간 유대감이나 밥상머리 교육은 기대하기 힘들다.

밥상머리 교육이란 단순히 밥상에서 자녀를 훈계하는 것이 아니다. 그 이상의 교육적 가치가 있다. 밥상머리 교육은 산교육장이자 수시로 훈련을 시킬 수 있는 교육의 장이다.

아이들에게 가장 필요하고 중요한 덕목 중의 하나인 인내심을 예로 들어보자. 인내심은 요즈음 아이들에게 정말 찾아보기 힘든 덕목 가운데 하나이다. 그런데 이 인내심을 밥상머리에서 얼마든지 길러줄 수 있다. 밥상을 차려놓고 온 가족이 다 모일 때까지 기다리는 동안에는 엄청난 인내가 필요하다. 특히 아이가 좋아하는 반찬이 눈앞에 있는 경우 더욱 그러하다. 식욕 본능을 강한 의지로 누르는 과정인 것이다. 물론 이것은 어디까지나 온 가족이 모였을 때 식사를 한다는 규칙이 있는 가정에서 가능한 이야기이다. 부부가 합의 아래 이런 규칙을 정해놓으면 아이는 식사를 할 때마다 인내심을 기르는 훈련을 밥상머리에서 하는 셈이 된다.

배려하는 마음도 밥상머리에서 얼마든지 훈련시킬 수 있다. 급식실에서 아이들과 한 식탁에 앉아 식사를 하다 보면 선생님이 수저를 들 때까지 기다리는 아이들이 있다. 그런 아이들을 보면 아이와 그 부모가 달라 보인다. 상대방에 대한 배려가 몸에 밴 것이다. 어른이 수저를 든 다음에 아이가 수저를 드는 모습을 보고 어른의 기분이 좋아진다면 그것이 바로 배려이다. 또한 맛있는 것이 있을 때 자기가 먹기 전이나 혹은 먹어보고 "엄마! 이 반찬 정말 맛있는데 엄마도 한번 드셔보세요"와 같은 말은 최상의 배려인 것이다. 이런 행동은 가정에서 몸에 배지 않으면 절대 밖에서 하지 못한다. 이렇듯 밥상머리는 배려를 배울 수 있는 출발지라고 해도 과언이 아닌 듯싶다.

그러면 밥상머리 교육을 어떻게 하면 할 수 있을까? 몇 가지 원칙만 지키면 어떤 가정이든지 밥상머리 교육을 회복할 수 있다.

첫째, 밥상머리 교육을 위해서 반드시 온 가족이 모여 식사하는 날을 정하자. 각 가정의 형편에 따라 정하되 어떤 요일이 되어도 관계없다. 예를 들어 토요일 저녁으로 정했다면 온 가족이 기억하고 꼭 지키려고 해야 한다. 식사를 반드시 집에서 해야 하는 것은 아니다. 경우에 따라서는 외식을 할 수도 있겠지만 가장 중요한 것은 시간을 지키는 것이다. 이것을 계속 지켜나가면 아이들이 커서도 토요일 저녁은 반드시 가족과 식사하는 날로 알고 지킬 것이다.

둘째, 온 가족이 식사하는 날은 기대에 부풀게 해야 한다. 메뉴도 평소보다 풍성하게 하고 자녀가 좋아할 만한 반찬도 많이 해서 온 가족이 함께 식사하는 날을 기다리게 하는 것이 바람직하다. 또한 평소에 아이가 먹고 싶어 하는 것은 이날로 미루었다가 해주는 것도 한 방법일 것이다. 이는 아이를 고문하는 것이 아니라 인내력 훈련에 해당하는 것이다.

셋째, 온 가족이 식사하는 날에는 식사 준비를 가급적 모든 가족이 나눠서 하는 것이 좋다. 엄마 혼자 음식을 준비하고 나머지 식구들은 먹기만 하면 한 사람에게 너무 많은 책임을 주기 때문에 지속되기가 어렵다. 모든 가족이 자기 역할을 맡아 참여하는 것이 중요하다.

넷째, 온 가족이 식사하는 날은 비난이나 지적을 하지 말고 서로를 칭찬하고 격려하는 자리로 만들어야 한다. 음식이 아무리 맛있더라도 서로 비난하고 힐난하는 자리라면 다시는 그 자리를 원하지 않을 것이다.

다섯째, 온 가족이 모여서 식사하는 자리에서는 어느 정도 규칙이 반드시 필요하다. 예를 들어 식사할 때는 반드시 TV를 끈다든지, 아빠가 먼저 수저를 든다든지, 감사를 표시하고 식사를 한다든지, 식사 중에 비난은 하지 않기로 한다든지, 식사 시간은 30분 이상으로 한다든지, 식사를 마치고 자기 식기를 치운다든지 하는 규칙을 몇 가지 정해서 지킬 필요가 있다. 이런 과정을 통해 아이는 학교에서 가르쳐주지 못하는 품성을 배울 수 있다.

밥상머리는 단순히 식사를 하는 장소가 아니다. 식사 예절이 있고 자녀 교육이 있고 가정의 사랑이 꽃피는 장소이다. 이런 기회를 일주일에 한 번도 갖지 못한다면 생각해볼 일이다. 가족을 위한다면 한자리에 모여서 이야기꽃과 웃음꽃을 피우면서 서로에게 감사하고 즐거운 식사를 나누어야 할 것이다. 자녀가 어릴 때 함께 식사하는 버릇을 들이지 않는다면 커서는 집을 잠이나 자는 하숙집 정도로 인식할 것이다. 그리고 그 공허함을 채우기 위해 방황할 것이다. 우리 자녀에게 좋은 가르침과 좋은 추억을 주기 위해서라도 온 가족이 모여서 하는 식사를 제안한다. 그리고 밥상머리부터 자녀 교육을 시작하자.

생각해보고 꼭 적어봅시다!

1. 다음은 밥상머리에서 자녀에게 가르쳐야 할 식사 예절이다. 내 자녀에게 부족한 것이 있다면 체크하고 가르치기 위해 어떻게 해야 할지 생각해보자.

① 밥 먹기 전에 손을 씻는다. 모자를 쓰는 것은 삼간다.

② 음식을 준비한 분에게 반드시 감사를 표하게 한다.

③ 어른이 먼저 수저를 들 때까지 기다리게 한다.

④ 국물을 마시거나 반찬을 씹을 때 큰 소리를 내지 않게 한다.

⑤ 맛있는 것이 있을 때는 혼자만 먹지 않고 남에게 권한다.

⑥ 밥이나 반찬을 입에 물고 말을 하지 않는다.

⑦ 식사를 마친 후에는 "잘 먹었습니다"라고 말하게 한다.

⑧ 식사를 마친 후에는 자기 식기를 씽크대에 가져다 놓는다.

2. 우리 집에서는 밥상머리 교육이 잘 이루어지고 있는가? 안 되고
   있다면 그 이유를 생각해보자. 다음 지침을 참고하면 도움이 될 것
   이다.

_____

_____

_____

_____

_____

_____

① 밥상머리 교육은 고사하고 일주일에 한 번 식사도 어려운 가정
   인 경우 : 서로가 너무 바빠서 그렇다면 가족들과 합의하여 온
   가족이 함께 식사하는 날부터 정하자.
② 함께 식사할 기회는 제법 되지만 밥상머리 교육은 이루어지지 않는
   경우 : 온 가족이 식사하는 기회는 많지만 밥상머리 교육은 부
   족하다고 느낀다면 풍성한 밥상머리 교육을 위해 고민하라. 그
   리고 우리 집만의 밥상머리 규칙을 정해보자. 처음부터 너무 많
   이 정하지 말고 실천할 수 있는 한두 가지라도 정해서 반드시
   실천하는 것이 좋다. 위에서 소개한 식사 예절부터 훈련시킬 것

을 권한다.

③ 밥상머리 교육이 잘 이루어지는 경우 : 더욱 풍성한 밥상머리 교
육을 위해 고민해보자. 좀 더 차원 높은 감사 단계로 나아가도
좋다. 이런 감사의 습관이 당신의 자녀를 감사하는 아이로 바꿀
것이다. 밥상머리 교육에 대해 좀 더 알고 싶다면 이영희의《유
대인의 밥상머리 자녀 교육》이라는 책을 권한다.

좋은 부모 되기 위한 오늘의 선포

나는 내 자녀 앞에서 항상 감사하면서 식사하는 모습을 보여줄 것이다!

▤ 하루 중 가장 좋은 기회를 잡아서 자녀에게 반드시 속삭여주거나 문자로 보내자.

사랑하는 딸아! 너와 함께 밥을 먹으면 항상 기분이 좋아.
자랑스러운 아들아! 밥 먹는 모습이 복 받을 만한 사람 같더구나.

✐ 구체적으로 적어보고 머릿속으로 1분 동안 그려보자.

자녀의 가족이 식탁에 둘러앉아 행복하게 식사하는 모습 상상하기

✔ 물 한 방울은 미약하지만 바위를 뚫는다. 나의 작은 실천이 모여 내 자녀의 인생을 뚫을 것이다.

우리집만의 독특한 식사 규칙 정하기
식사에 대해 충분히 감사할 수 있는 시간 갖기, 식사하기 전에 칭찬 한 마디씩 하고 밥 먹기

♕ 인생은 말한 대로 이루어진다. 가슴을 펴고 당당하게 외쳐보자.
　내가 좋은 부모가 되겠다고 선포하면 나는 이미 좋은 부모가 된 것이다.

나는 좋은 부모이다. 내 자녀는 행복하고 성공하는 인생을 살 것이다.
내 자녀는 평생 식사의 감사함을 잃지 않고 살아갈 것이다.

아이에게 권위를 가르쳐라

인간이 살아가는 세상을 가만히 들여다보면 말도 많고 탈도 많다. 하지만 이렇게 복잡한 세상이 하루하루 돌아가는 이유는 권위가 있기 때문이다. 우리는 의식하든 의식하지 않든 권위의 영향력 아래 있다. 어느 누구도 이 권위의 영향력 아래 자유로운 사람은 없다. 한 회사 사장에게 권위가 없다면 그 회사가 돌아가겠는가? 사장의 말에 사원들이 따라 움직이지 않는다면 그 회사의 미래는 더 이상 희망이 없을 것이다. 사원이 사장의 말을 듣는 것은 사장이 힘이 세어서도 아니요, 능력이 더 뛰어나서도 아니다. 그냥 사장이라는 권위를 인정하기 때문이다. 이런 권위가 있기 때문에 한 회사가 일사불란하게 움직이는 것이고 나아가서는 국가라는 조직도 움직일 수 있다. 권위란 이렇게 중요한 것이다. 작게 보면 가정을 유지하고 사회를 움직이며 크게는 국가를 움직이는 근간이 된다.

하지만 우리 사회는 언젠가부터 권위를 인정하지 않으려는 경향이 생겨나기 시작했다. 부모의 권위는 말할 것도 없고 교사의 권위도 땅에 떨어진 지 오래이다. 권위는 어려서부터 철저하게 존중하는 법을 가르쳐야 한다. 그래야만 이 사회가 유지될 수 있으며 아이가 좋은 구성원이 될 수 있다. 권위를 존중하는 법을 제대로 배우지 못하면 나중에 가정 생활과 직장 생활도 하기 어려울 것이다. 권위를 존중하는 법을 제대로 배우지 못한 사람이 나중에 나이 든 부모의 말을 들을 리 만무이고 직장에서 상사의 말을 제대로 들을 리 없다. 권위를 제대로 가르치지 않으면 자칫 패륜아가 되기 싶고 사회의 낙오자가 되기 쉽다.

권위의 출발점은 부모와 자식 간이다. 부모의 권위를 인정하고 존중하는 아이들은 학교에서 선생님의 권위도 인정하고 존중한다. 이런 아이들은 커서 사회적인 권위도 쉽게 인정하고 존중한다. 왜냐하면 권위는 상황이나 대상에 따라 모습은 조금씩 다르지만 본질은 같기 때문이다. 아이가 성공적인 사회 생활을 할 줄 아는 사람으로 자라게 하고 싶다면, 먼저 가정에서 부모의 권위를 인정하는 법부터 가르쳐야 한다.

부모가 자녀에게 권위를 제대로 가르치기 위해서는 부모가 권위의 중요성을 먼저 인식하고 있어야 한다. 하지만 많은 부모가 자녀에게 권위를 내세우는 것은 구태의연하고 청산해야 할 구습쯤으로 생각한다. 그래서인지 요즈음에는 어린 자녀가 부모에게 떼를 쓰거나 험한 말을 하고 심지어는 부모를 주먹으로 때리는 장면을 가끔 볼 수 있다. 부모가 자녀를 잘못 키웠기 때문이다. 필자는 이런 장면을 목격할 때마다 부모의 태도를 가만히 살펴보곤 한다. 놀라운 것은 아이가 떼를 쓰거나 부모에게 험한 말을 하거나 주먹질을 해도 부모가 엄하게 꾸짖거나 혼내지 않는다는 사실이다. 이런 상황에서 혼을 내는 것이 아이의 기를 죽이는 일인가? 절대 그렇지 않다. 이런 상황에서는 당연히 혼이 나야 하고 엄격한 훈계를 받아야 바른 아이로 자랄 수 있다.

많은 부모가 권위 있는 부모가 되고 싶지만 그렇게 되지 않는다고 토로한다. 어떻게 하면 권위 있는 부모가 되어 아이에게 권위를 제대로 가르칠 수 있을까?

부모의 권위는 일관된 태도에서 나오고, 일관된 태도는 원칙에서 나온다. 많은 부모가 일관되지 않은 태도를 가지고 양육에 임한다. 예를 들어 거짓말을 하면 어떤 때는 혼내는데 어떤 때는 혼내지 않고 그냥 넘어간다. 이런 경우 아이는 혼란에 빠진다. 더 나아가서는 자기를 혼내는 것이 바르게 훈계하기 위해서가 아니라 부모가 기분이 나빠서 혼이 났다고 생각하기 쉽다. 이렇게 되면 부모의 권위는 떨어진다. 부모의 권위를 세우기 위해서는 무엇보다 일관된 태도가 중요하다. 하지만 부모라면 일관된 태도를 갖는다는 것이 얼마나 어렵고 힘든지 잘 알 것이다. 자신과의 싸움이기 때문이다. 자신을 단련시키지 않고는 절대 일관된 양육 태도를 지닐 수 없다. 그래서 어려서부터 되는 것과 안 되는 것을 분명히 해둘 필요가 있다. 이렇게 해야 아이의 행동이 부모의 일관성 아래서 더 자유스러워질 수 있다. 부모가 이랬다저랬다 하면 아이는 부모의 눈치만 살핀다. 하지만 부모의 태도를 분명히 알고 있는 자녀는 엄격함 속에서 자유를 누릴 수 있다.

'임의로 하게 버려두면 아이를 망친다' 라는 말이 있다. 분명 맞는 말이다. 부모가 권위를 가지고 자녀 교육의 주도권을 쥐고 있을 때 아이는 바르고 안정감 있게 자란다. 이는 절대 속박이 아니다. 권위 있는 부모가 될 것인가, 우스운 부모가 될 것인가는 부모 각자의 선택이다. 하지만 그 선택에 대한 결과는 10년 후에 드러날 것이다.

생각해보고 꼭 적어봅시다!

1. 나는 자녀에게 무뚝뚝하고 엄한 부모인가? 아니면 자녀와 항상 친구처럼 지내는 부모인가? 부모마다 특성과 성격이 다르므로 어떤 스타일이 옳고 그르다고 말하기 어렵다. 하지만 어떤 식이 되었든 자녀 교육이 이루어지려면 부모의 권위는 필요하다. 엄한 부모라고 더 권위 있고, 친구 같은 부모라고 해서 권위가 없는 것은 아니다. 부모가 권위를 어느 정도 가지고 있는지는 자녀가 부모의 말에 얼마만큼 순종하는지를 보면 알 수 있다. 나의 자녀는 내 말에 순종하고 있는가? 만약 그렇지 않다면 무엇 때문에 순종하지 않는다고 생각하는가?

_____

_____

_____

2. 혹시 권위를 세우는 것을 구태의연한 양육 방식이라고 생각하는
   가? 이런 생각을 가지고 있다면 아마 자녀에 대한 나의 영향력은
   10살 이전까지일 확률이 매우 높다. 부모의 권위에 대한 나의 생각
   을 한번 정리해보자.

_____

_____

_____

_____

_____

3. 부모의 권위를 세우는 일 중에서 가장 중요한 것은 사안별로 원칙
   을 가지고 일관된 훈육을 하는 것이다. 나의 훈육 태도는 일관성이
   있는지 점검해보자.
   ① 원칙도 있고 자녀에게 줄곧 일관성 있게 지도하는 일

_____

_____

_____

② 원칙이 있으나 일관성이 자주 무너지고 이랬다저랬다 하는 일

_____

_____

_____

③ 원칙조차도 세우지 않은 일

_____

_____

_____

궁핍함이 풍요보다 좋은 스승이다

부모가 자식에게 더 좋은 옷, 더 좋은 음식을 입히고 먹이려고 하는 것은 인지상정이다. 부모 치고 이런 마음을 갖지 않은 사람은 없을 것이다. 하지만 이런 것이 요즈음은 도를 지나치는 면이 없잖아 있다. 갓난아기 때부터 좀 더 비싸고 좋은 분유를 먹이기 시작해서 하다못해 몇 백만 원을 호가하는 명품 유모차들이 백화점에서 날개 돋친 듯 팔려 나간다는 이야기가 들려온다. 아이가 자라면 비싼 명품 옷을 입히거나 한 켤레에 20만 원을 호가하는 신발을 사 주는 부모도 있다. 그런데 그 부모들에게 왜 그렇게 키우느냐고 물어보면 많은 경우 남들에게 기죽지 않게 하기 위해서라거나 어렸을 때부터 좀 특별하게 키우고 싶기 때문이란다. 그래서 아이한테 과하다 싶을 정도로 아낌없이 돈을 쓰는 것이다.

그런데 여기서 한 가지 생각해볼 점이 있다. 과연 이렇게 풍요롭게 기르는 것이 아이에게 더 좋으냐는 것이다. 부모들은 이 점에 대해서는 생각하지 않는 듯하다. 오직 남과 비교해서 좀 더 비싸고 좋은 것을 자녀에게 주고 싶어 하는 심리가 많이 깔려 있는 듯하다.

하지만 부모들이 분명히 기억해야 할 것은 아이를 제대로 양육하려면 적당한 결핍을 느끼게 해주는 것이 필요하다는 것이다. 아이의 요구를 다 들어주고 사 주며 키우는 것은 절대 좋은 양육법이 아니며 오히려 아이를 망치는 지름길이 될 수 있다. 부자인 부모라도 일부러 아이에게 적당한 결핍을 느끼게 해줄 필요가 있는 것이다. 그래야만 결핍을 통해 인내를 배우고 그 결핍이 채워졌을 때 감사할 줄도 안다. 사람이란 풍요로움을 통해 방탕과 무절제를 배우고, 결핍을 통해서는 인내와 절제와 감사를 배운다.

필자가 교사를 하면서 매년 하는 것이 1일 기아체험이다. 부모의 동의를 받아 하루 정도를 굶어보는 것이다. 냉장고를 열면 먹을 것이 넘쳐나지만 배고픔을 겪어본 사람만이 느낄 수 있는 감정이 있기 때문에 의도적으로 굶어보게 하는 것이다. 배고픈 사람들의 심정을 생각하고, 나아가 그들을 도와줄 수 있도록 한번 굶어보게 하는 것이다. 그러면 아이들은 놀랍게도 생각지도 못한 것들을 느끼고 배운다. 다음은 2학년인 어떤 아이가 1일 금식을 하면서 느낀 점을 일기로 쓴 것이다.

꼬르륵 꼬르륵~ 뱃속에서 알람이 울린다. 오늘은 우리 반 친구들이랑 금식을 하기로 한 날이다. 오후 2시부터 내일 오전 11시까지 아무것도 먹으면 안 된다. 배에서 꼬르륵 소리가 난다. 지금 이 순간 김치를 먹고 싶다. 오늘처럼 이렇게 굶어본 일이 없다. 나는 내일까지 꼭 약속을 지킬 것이다. 이렇게 굶어보니 밥이 없어 굶는 아이들 마음을 알 것 같다. 나는 밥 먹을 때 반찬 투정을 했는데 이젠 안 해야겠다. 먹는 것이 이렇게 소중한 줄 몰랐다. 엄마, 맛있는 음식 해주셔서 감사합니다.

교사가 무슨 말을 해서 이런 가르침을 줄 수 있겠는가? 평소 불평거리였던 반찬이 감사거리로 바뀌었다. 부모의 존재를 더욱 소중하게 느끼는 기회가 되었다. 이러한 모든 것이 결핍이 가져다준 가르침이다. 풍요로움은 이런 가르침을 주지 못한다.

요즈음 아이들의 특징 가운데 한 가지가 자기 물건을 간수할 줄 모른다는 것이다. 아이들이 하교하고 나면 교실에는 주인을 잃은 물건들로 넘쳐난다. 학용품부터 시작해서 교과서나 공책이 즐비하다. 연필은 담임이 신경을 안 쓰면 보통 열 자루 정도는 바닥에 떨어져 있다. 분실물 함에 넣어놓지만 찾아가는 아이들이 거의 없다. 이유는 간단하다. 집에 가면 새 연필이 얼마든지 있고 없으면 사면 된다. 이런 물질적 풍요가 우리 아이들로 하여금 자기 물건도 간수 못하는 아이들로 전락시키고 있다. 궁핍한 시절에는 연필 한 자루가 몽당연필이 될 때까지 써야 했다. 그 당시에는 연필 간수를 못해서 잃어버린다는 것은 지나친 사치였다. 아이들은 자기 물건을 철저히 간수해야 했다. 궁핍이 가르쳐준 훈련이고 교육이었다.

궁핍을 예찬하고 싶은 생각은 없다. 하지만 궁핍을 통해 배울 것이 있다면 자녀에게 궁핍을 경험시킬 필요도 있을 것이다. 어제 사 준 연필을 잃어버렸다고 또 사 달라고 할 때 그냥 사 주는 것은 교육이 아니다. 부모가 돈이 있고 없고의 문제가 아니다. 풍요로운 시대에 살고 있다고 해서 궁핍한 시절의 정신까지 등한시할 수는 없는 것이다.

우리 자녀들을 보자. 풍요로움 속에서 감사도 절제도 없는 삶을 살아가고 있지는 않는가? 이렇게 자란 아이들을 제대로 가르치기 위해서는 궁핍함을 보고 경험할 수 있는 기회가 필요하다. 아이가 좀 힘들고 고달플 수도 있지만 좀 더 행복하고 의미 있는 인생을 살아가는 지름길이 될 것이다.

생각해보고 꼭 적어봅시다!

1. 궁핍을 통해 배울 수 있는 가장 큰 가르침 중에 한 가지는 '기다림'이다. 궁핍하면 아이가 먹고 싶거나 갖고 싶다고 해도 바로 사 줄 수가 없다. 이런 과정을 통해 사람은 기다림을 배운다. 자전거를 아무리 갖고 싶어도 살 형편이 안 되면 부모님에게 돈이 생길 때까지 기다려야 한다. 이것이 바로 궁핍이 주는 가르침이다. 부모가 풍요하더라도 이런 훈육 방식을 도입할 필요가 있다. 아이가 먹고 싶다고 당장 사 주기보다 조금 참게 하고, 갖고 싶은 것도 약간의 기다림을 맛보게 한 후에 사 주는 것이 아이에게 더 유익하다. 나는 내 자녀가 무엇인가를 요청했을 때 어떻게 하는지 생각해

보고 고쳐야 할 점을 적어보자.

_____

_____

_____

_____

_____

2. 궁핍하면 자장면을 한 번 먹으면서도 감격하지만 부자가 되면 탕수육을 먹으면서도 불만스러울 수 있다. 이런 면에서 감사는 있는 자의 것이 아니라 없는 자의 것이다. 내 자녀가 아무리 부자가 되더라도 감사할 줄 모른다면 불행한 삶을 살아갈 것이다. 다음에 제시하는 감사의 말을 자녀의 일상 생활 속에서 훈련을 시키자. 많이 가진 자보다는 감사하는 자가 행복할 수 있다. 감사도 습관이고 훈련이다.

① 식사할 때 항상 "감사히 잘 먹겠습니다"라고 말하도록 시키자.

② 용돈을 받을 때는 "감사하게 잘 쓰겠습니다."

③ 공부를 봐주었다면 "공부 봐주셔서 감사합니다"와 같이 매사에 감사하다고 말하게 하자.

3. 연봉이 높은 사람일수록 '감사하다'라는 말을 연봉이 낮은 사람

들보다 훨씬 많이 한다고 한다. 감사를 잘하는 사람은 행복한 사람이고 성공할 자질이 있는 사람임을 명심하고 자녀를 매사 감사하는 사람으로 만들 수 있는 방법을 고민하자.

좋은 부모 되기 위한 오늘의 선포
내 입술에는 항상 감사의 말이 떠나지 않을 것이다!

📋 하루 중 가장 좋은 기회를 잡아서 자녀에게 반드시 속삭여주거나 문자로 보내자.
사랑하는 딸아! 잘 자라주어서 정말 고맙구나.
자랑스러운 아들아! 너는 우리 집 희망이고 기둥이란다.

✎ 구체적으로 적어보고 머릿속으로 1분 동안 그려보자.
절제로 잘 훈련되어서 기다릴 줄 알고 감사할 줄 아는 아이 모습 상상해보기

✔ 물 한 방울은 미약하지만 바위를 뚫는다. 나의 작은 실천이 모여 내 자녀의 인생을 뚫을 것이다.
식사를 할 때 내가 먼저 감사하는 모습 보여주기
"여보! 고마워. 잘 먹을게" "여보! 잘 먹었어. 오늘 음식맛 최고였어"라고 표현하기

👑 인생은 말한 대로 이루어진다. 가슴을 펴고 당당하게 외쳐보자.
　내가 좋은 부모가 되겠다고 선포하면 나는 이미 좋은 부모가 된 것이다.
나는 좋은 부모이다. 내 자녀는 행복하고 성공하는 인생을 살 것이다.
내 자녀들은 감사를 배우고 감사하는 인생을 살아갈 것이다.

하나님은 부모에게
13년의 유예 기간을 주었다

효율적인 부모 역할 훈련의 창시자인 '토머스 고든Thomas Gordon'이라는 사람은 '하나님은 부모에게 13년의 유예 기간을 주었다'라고 말했다. 이 말은 부모가 자녀에게 영향을 줄 수 있는 기간은 13년, 즉 열세 살까지라는 말이다. 그 이후에는 부모도 어찌할 수 없고 자녀가 가는 길을 바라보든지 하나님께 맡기는 수밖에 없다는 말이다. 참 맞는 말이다. 우리나라 현실로 볼 때 열세 살은 초등학교 6학년에 해당하는 나이다. 아이가 초등학교 나이가 넘으면 더 이상 부모의 훈계나 교육이 효과가 없다는 것이다.

13년의 유예 기간을 지혜롭게 잘 보낸 부모라면 자녀와 충분한 유대 관계와 신뢰 관계가 쌓여 자녀가 사춘기에 들어서도 여전히 부모를 존경하고 부모 말에 순종할 것이다. 13년을 나름 애쓰고 지혜롭게 보낸 부모는 자녀와 지내게 될 앞으로의 시간들이 아름답고 행복할 것이다. 하지만 13년의 유예 기간을 잘못 보낸 부모는 준비 없이 보낸 그 기간은 편했을지 모르지만 남은 시간은 자녀 때문에 우울한 시간을 보내야 할지도 모른다. 자녀와 평생 좋은 동반자로 살아가기 위해서는 13년을 잘 보내야 한다. 어떻게 해야 우리 부모들에게 주어진

13년을 잘 보낼까?

첫째는 13년 동안 가급적 많은 시간을 자녀와 함께 보내는 것이다. 필자도 인생의 30대가 얼마나 바쁘고 할 일이 많은지 잘 안다. 그럼에도 불구하고 우선순위에 두어야 할 일이 자녀와 함께 시간을 보내는 것이다. 어떤 사람들은 양보다는 질이 중요하다고 변명 아닌 변명을 하지만 자녀와 보내는 시간은 질로 따질 일이 아니다. 절대적인 양의 시간 확보가 중요하다. 양이 확보되어야 질적인 시간이 나올 수 있고 함께 보내는 시간 중에 행복한 순간도 찾아오는 것이다. 어느 노랫말처럼 '우리가 가장 행복했던 시절은 노력하지 않았던 시절' 이다. 미국의 통계를 보면 미국의 아이들은 가족들과 하루 평균 14분 30초를 보내는데, 그중에 12분은 부정적인 말이나 질책을 듣는다고 한다. 우리나라에는 이런 통계가 없지만 미국보다 나으리라고 생각하지는 않는다. 현실에서 하루에 자녀와 30분 정도 함께 해주는 부모가 얼마나 될까? 특히 아빠들은 말이다. 자녀와 하루 30분씩 함께 시간을 보낸다면 열세 살까지 13년 동안 2372시간을 보내는 셈이고 날로 환산하면 98.8일로 100일이 되지 않는다. 13년의 세월이 4745일임을 감안하면 100일은 정말 '새 발의 피' 라는 것을 인정할 것이다. 그러니 자녀를 위해 최소 하루 30분 정도는 시간을 내야 한다. 이 정도 시간도 내지 않고 자녀와 좋은 관계를 맺겠다는 것은 우물에서 숭늉을 찾는 격이다.

둘째, 자녀에게 책을 읽어주어라. 유년기 자녀는 말할 것도 없고 초등학교 저학년 아이들에게도 좋다. 이 일은 아빠가 하면 더욱 좋다. 연구에 의하면 아빠의 저음은 자녀의 뇌 발육에 좋고 기억 속에 오래 남는다고 한다.

셋째, 스킨십을 많이 해주어라. 안아주고, 뽀뽀해주고, 쓰다듬어주는 등의 스킨십은 어린 아이에게 무한한 정서적 안정감을 선사한다. 특히 딸에게는 더욱 그렇다. 우리나라 정서상 아이가 조금만 커도 스킨십을 해주지 않는 경향이 있는데, 초등학생 정도까지는 꼭 해줘야 아이 정서 발달에 좋다. 스킨십을 가장 자연스럽게 할 수 있는 방법은 목욕을 시켜주는 것이다. 이것 또한 아빠가 해주는 것이 좋다고 한다. 통계에 의하면 아빠가 목욕을 많이 시켜준 아이들이 머리가 좋다고 한다.

넷째, 특별한 이벤트를 많이 만들어주어라. 아이에게 평생의 추억으로 남을 것이다. 이벤트를 만들어줄 수 있는 가장 쉬운 방법은 여행이나 생일 등을 활용하면 된다. 여행은 가족끼리 계획을 잘 세워서 즐겁게 다녀오면 되고, 조금만 고민하면 자녀에게 특별한 생일을 만들어줄 수 있다. 사람들은 돌 잔치는 요란하게 해주면서 그다음 생일부터는 시시하게 해주는 경우가 많은데, 그 반대라야 한다. 돌잔치는 아무리 멋있게 하더라도 부모를 위한 잔치일 뿐이지 자녀를 위한 잔치가 아니다. 누가 한 살 때 기억이 남아 있겠는가? 하지만 여섯 살부터 열세 살까지의 생일은 기억에 남는다. 평생 남을 수 있다. 따라서 이 기간의 생일 여덟 번은 좀 특별하게 보내는 것도 의미가 있다. 그렇다고 친구들 다 초대해서 칠순 잔치처럼 하라는 말이 아니다. 아이를 위해 기억에 남을 만한 작은 이벤트를 마련하라는 것이다. 이것도 평생 하라는 것이 아니고 13년 동안만 하라는 것이다.

어떤 사람이 무엇을 잘못해서 1년 징역과 3년 집행유예를 받았을 때, 집행유예 기간인 3년을 근신하면서 잘 보내면 1년 징역이 없어진다. 마찬가지로 자녀도 13년 동안의 집행유예 기간을 잘 보내면 약 40년의 징역과 같은 삶이 면제되고 행복한 40년을 살 수 있다. 지혜로운 부모라면 옳은 선택을 할 수 있을 것이다. 13년을 대충 보내고 40년을 고생할 것인지, 아니면 13년을 제대로 보내고 40년을 행복하게 살 것인지 말이다.

생각해보고 꼭 적어봅시다!

1. 자녀의 13년 세월은 아마 금세 지나갈 것이다. 그 시간이 지나면 함께 놀아주려고 해도 싫어하고 어디를 같이 가자고 해도 싫어할 것이다. 또한 안아준다고 하면 기겁을 하고 도망가고 같이 영화를 보자고 해도 돈만 달라고 할 것이다. 왜냐하면 함께하는 것은 어린 자녀와 누릴 수 있는 특권이기 때문이다. 내 자녀는 지금 몇 살인가? 열세 살이 넘었다면 가장 후회되는 점을 적어보자. 자녀가 열세 살이 넘지 않은 부모는 후회하지 않기 위해 꼭 해야 할 일을 적

고 실천해보자.

_____

_____

_____

_____

2. 자녀가 아직 열세 살이 안 되었다면 앞 이야기에서 소개한 네 가지
   를 이행하려고 노력하자. 한 가지씩 검토하면서 반성해보고 앞으
   로의 결심을 다져보자.

   ① 자녀를 위해 하루 30분의 시간 확보하기

   삶이 좀 여유로워지면 자녀와 시간을 보내겠다고 마음먹지만
   나중에는 자녀가 시간이 없다고 할 것이다.

   ② 자녀에게 책 읽어주기

   어떤 책이냐는 중요하지 않다. 부모가 자녀에게 책을 읽어줄 때
   자녀는 책 내용이 아니라 부모의 사랑의 속삭임을 듣기 때문이다.

   ③ 스킨십 많이 해주기

   자녀에게 내가 가장 많이 해주는 스킨십은 무엇인가? 그 행동은
   자녀가 커서 하더라도 전혀 거부감을 느끼지 않을 것이다. 아침
   키스가 연봉을 올린다고 하는데 아마 나의 스킨십은 자녀의 실
   력을 올릴 것이다.

   ④ 특별한 이벤트 많이 해주기

여행이나 특별한 생일이 될 수 있도록 아이디어를 내보자.

3. 자녀가 13년을 행복하게 보낼 수 있도록 나름대로 계획을 세워 실천해보자. 직장에서 할 일은 항상 있겠지만 아이들은 항상 그 자리에 없을 것이다.

_____

_____

> **좋은 부모 되기 위한 오늘의 선포**
> ## 나는 내 자녀와 보내는 시간을 어느 시간보다 우선순위에 둘 것이다!
>
> 📃 하루 중 가장 좋은 기회를 잡아서 자녀에게 반드시 속삭여주거나 문자로 보내자.
> 사랑하는 딸아! 너와 함께하는 시간은 정말 행복하단다.
> 자랑스러운 아들아! 네 모습 그대로 사랑한단다.
>
> ✍ **구체적으로 적어보고 머릿속으로 1분 동안 그려보자.**
> 어린 시절을 행복하게 보내게 해줘서 부모님께 감사한다는 자녀 모습 상상하기
>
> 🖌 물 한 방울은 미약하지만 바위를 뚫는다. 나의 작은 실천이 모여 내 자녀의 인생을 뚫을 것이다.
> 자녀가 열세 살이 지나면 하지 못할 일 하기
> 자녀 씻겨주기, 어린 자녀에게 책 읽어주기, 자녀에게 스킨십 해주기
>
> 👑 인생은 말한 대로 이루어진다. 가슴을 펴고 당당하게 외쳐보자.
>   내가 좋은 부모가 되겠다고 선포하면 나는 이미 좋은 부모가 된 것이다.
> 나는 좋은 부모이다. 내 자녀는 행복하고 성공하는 인생을 살 것이다.
> 내 자녀는 나와 보낸 어린 시절을 감사하며 살아갈 것이다.

부모의 눈에는
보이지 않는 것들

자존심은 생일잔치로 세워지지 않는다

얼마 전 가족과 함께 패밀리 레스토랑에 모처럼 식사를 하러 갔다. 그런데 그곳에 열댓 명쯤 되는 5학년 아이들이 식사를 하고 있었다. 보아하니 생일 파티였는데, 아이들 수만큼의 엄마들도 한쪽에 자리하고 있었다. 아이들은 식사를 마치자 난리를 피우기 시작했다. 뛰어다니고 소리 지르고 음식을 들고 다니며 흘렸다. 놀라운 것은 엄마들이 별 상관을 하지 않고 자기들끼리 수다를 떨면서 식사를 계속하는 것이었다. 서빙하는 사람들이 제지했지만 잠시뿐 아이들의 세상이었다. 말할 것도 없이 주변 사람들은 이맛살을 찌푸렸다.

이런 광경은 흔히 볼 수 있는 요즈음 아이들의 생일 파티 모습이다. 예전에는 기껏해야 아침 밥상에 미역국이 등장하면 누구 생일인가? 하는 정도였다. 잘해야 친구 몇 명 초대해서 엄마가 해주는 음식을 먹는 정도였다. 하지만 요즈음 아이들은 레스토랑 정도의 음식점을 빌려서 친구들과 그 엄마들까지 초대해서 잔치 같은 생일 파티를 연다. 어떤 경우에는 아이들과 놀아주면서 생일 파티를 이끄는 진행자가 따로 있을 정도이다. 이 정도 되면 어르신들의 환갑 잔치나 칠순 잔치를 방불케 한다.

물론 이렇게 생일 잔치를 하는 부류는 아직 일부이기는 하다. 하지만 많은 문제점을 지니고 있는 것만은 사실이다. 가장 큰 문제로 지적하고 싶은 것은 아이들 간에 또는 학부모 간에 위화감을 조성한다는 것이다. 생일 잔치에 초대받지 못한 아이들과 초대받은 아이들이 갈리고 또한 학부모들도 마찬가지이다. 예전에는 아이들끼리 친하면 친구가 되고 생일 파티에도 초대하지만 요즈음은 그렇지도 않다. 많은 경우 엄마들끼리 친해야 아이들도 친해지는 기현상이 벌어지고 있다. 때문에 친분이 있는 엄마들끼리 생일 잔치에 서로 초대를 하는 분위기이다. 따라서 초대를 받지 못한 엄마들은 속상하고 소외감을 느낀다. 아이들은 친구 생일에 가서 본 것이 있으니 자기도 그렇게 생일 잔치를 해달라고 난리를 피운다. 그러면 부모는 기죽지 않으려고 더 화려하고 요란하게 생일 잔치를 치러주는 악순환으로 치닫는 듯하다.

그런데 여기서 한 가지 짚고 넘어가고 싶은 것이 있다. 왜 부모들이 자꾸 자녀의 생일을 더 화려하고 요란하게 해주려고 하느냐이다. 부모들이 자녀의 생일 잔치를 요란하게 해주는 것이 꼭 아이를 위한 것만은 아닌 듯하다. 때로는 아이의 생일 잔치가 부모의 능력을 과시하는 장으로 활용되기도 한다. 어떤 부모는 화려한 생일 잔치가 아이의 자존심을 세워준다고 생각한다. 어떤 부모는 생일 잔치를 아이의 교우 관계를 관리하는 기회로 삼으려고 한다. 비싼 음식을 먹으며 화려한 곳에서 생일 파티를 해야 아이의 자존심이 세워질 것 같으면 사

채를 내서라도 해줘야 할 것이다. 또한 많은 아이를 초대해서 그 아이들이 다 내 자녀의 절친한 친구가 될 것 같으면 반 친구들 모두라도 초대해야 할 것이다.

하지만 화려한 조명이 아이의 앞날을 비춰주지는 못한다. 넘쳐나는 음식이 아이의 영혼까지 배부르게 할 수는 없다. 또한 친구들이 주는 넘쳐나는 선물이 아이의 공허한 마음까지 채워줄 수는 없다. 그냥 예전처럼 가족끼리 둘러앉아 미역국 먹고 케이크 먹으면서 오순도순 지내는 것이 아이에게 훨씬 더 많은 것을 느끼게 하고 가르칠 수 있다. 사랑하는 가족이 축가를 불러주며 아이의 앞날을 진정으로 축복해줄 수 있다. 엄마가 정성스럽게 끓인 사랑의 미역국을 먹으면서 아이는 영혼의 배고픔까지 채울 것이다. 또한 마음이 담긴 가족의 선물은 아이 마음의 추억이라는 방에 고이고이 간직될 것이다.

필자는 생일을 맞은 아이들에게 묻곤 한다. "너 오늘 아침에 미역국 먹었니?" 그러면 많은 아이가 못 먹었다고 한다. 그런데도 아이들 분수에 맞지 않는 화려한 생일 잔치를 해주면서 부모 노릇 잘했다고 뿌듯해하고 착각하는 것은 아닌가? 아이들은 화려한 생일 잔치가 아니라 엄마가 손수 끓여주는 사랑의 미역국을 먹고 싶어 한다. 아이들은 음식에 굶주린 것이 아니라 사랑에 굶주려 있기 때문이다. 당신 자녀의 생일 잔치는 어떻게 하고 있는가?

1. 요즈음 아이들은 자신의 생일을 지나치게 챙기는 경향이 있다. 생일을 핑계로 사고 싶은 것 다 사고, 하고 싶은 것 다 한다. 그렇지만 생일은 아이가 축하받아야 하는 날이라기보다 엄마가 축하받아야 하는 날이라는 생각이 든다. 죽을 힘을 다해 자녀를 낳은 날이기 때문이다. 어렸을 때부터 자녀의 생일을 낳아준 부모에게 감사하는 날로 지내보면 어떨까? 부모는 부모대로 생일 잔치를 해주지만 자녀도 부모에게 감사의 편지와 조그마한 선물을 준비하라고 하는 것은 어떨까?

2. 나는 자녀의 생일을 어떻게 해주고 있는가? 혹시 지나치게 화려하게 해주지는 않는지? 또는 남들도 다 그렇게 해주니까 자녀 기죽이기 싫어서 따라 하는 건 아닌지? 그렇다면 좀 더 의미 있는 생일을 보내기 위해 고민해보자.

_____

_____

_____

_____

_____

3. 자녀의 생일에 미역국은 끓여주고 있는가? 바쁘더라도 꼭 챙겨주자. 그리고 이렇게 말해보자. "네가 내 아들이라는 사실이 무척 감사하고 자랑스럽단다." "네가 우리 집 딸로 태어난 것은 엄마 인생에서 가장 큰 행운이야!" 이런 말을 들으면 화려한 파티로는 절대 얻을 수 없는 자존감이 자녀 마음속에 자리할 것이다.

좋은 부모 되기 위한 오늘의 선포

내 자녀가 태어난 날은 가장 복된 날이 될 것이다!

▤ 하루 중 가장 좋은 기회를 잡아서 자녀에게 반드시 속삭여주거나 문자로 보내자.

사랑하는 딸아! 네가 엄마 딸로 태어난 것은 정말 큰 행운이었어.

자랑스러운 아들아! 네가 아빠 아들로 태어난 것에 항상 감사한단다.

✎ 구체적으로 적어보고 머릿속으로 1분 동안 그려보자.

어른이 된 자녀 생일날에 많은 사람이 축하해주는 모습 상상하기

✔ 물 한 방울은 미약하지만 바위를 뚫는다. 나의 작은 실천이 모여 내 자녀의 인생을 뚫을 것이다.

자녀의 생일에 사랑이 담긴 편지 써서 주기

자녀의 생일에 멋진 이벤트를 구상해보기

♛ 인생은 말한 대로 이루어진다. 가슴을 펴고 당당하게 외쳐보자.
내가 좋은 부모가 되겠다고 선포하면 나는 이미 좋은 부모가 된 것이다.

나는 좋은 부모이다. 내 자녀는 행복하고 성공하는 인생을 살 것이다.

내 자녀가 태어난 날에 대해 항상 감사하며 살아갈 것이다.

반장 한다고 리더십 키워지지 않는다

　3월 개학날은 아이들에게 기대와 두려움이 공존하는 날이다. 아마 1년 중 이날만큼 우리 아이들이 긴장하고 말 잘 듣는 날은 없을 것이다. '담임 선생님은 누구일까?' 부터 시작해서 친한 친구와 같은 반이 될지 등 모든 것이 새롭기에 약간의 두려움도 존재하는 날이 3월의 개학날 풍경이다.

　아이들이 담임 선생님과 반 친구들이 누구인지 알게 된 후에 궁금해하는 것이 한 가지 있다. 바로 반장이 누가 될 것인가이다. 예전에는 주로 공부 잘하는 아이들이 반장을 했지만 요즈음은 꼭 그렇지만도 않다. 그렇다고 공부를 못 하는 아이들이 되느냐 하면 그것은 더더욱 아니다. 필자가 보기에 반장 되는 조건이 옛날보다 더 까다로워진 듯하다. 예전에는 공부만 잘하면 되었는데 요즘은 공부뿐만 아니라 친구들과 관계도 좋아야 한다. 즉, 인기가 있어야 한다는 말이다. 인기 있는 아이들이란 재미있는 아이와 매너 좋은 아이들이다. 반장 선거는 그야말로 아이들 세계를 고스란히 반영한다.

　학부모들은 예전부터 반장선거에 관심이 많았다. 자녀가 반장이 되면 부모도 자연스레 반의 학부모 대표를 맡게 된다. 자녀가 반장이 되는 것을 간혹 부담스러워하는 부모도 있지만 대부분은 자랑거리로 여긴다.

그런데 아이들의 잔치여야 할 이 반장선거에 언젠가부터 좋지 않은 물이 들기 시작했다. 예를 들면 표를 확보하기 위해 음식점으로 친구들을 초대해서 미리 환심을 산다든지, 친구들 집에 전화를 걸어 표를 부탁한다든지 하는 행태들이다. 자녀를 반장으로 만들겠다는 부모의 의지가 반장선거 문화를 점점 어른들의 정치판처럼 몰고 가고 있는 것이다. 일부 학원은 이런 부모들의 심리를 이용해 '반장 만들기 프로젝트'를 진행한다. 유세문을 대신 작성해주고 어떻게 해야 반장이 될 수 있는지를 가르쳐준다.

부모들이 기를 쓰고 반장을 시키려고 하는 이유는 크게 두 가지 정도이다. 한 가지는 반장을 하면 리더십이 키워진다는 생각이고, 또 한 가지는 상급학교 진학 시 가산점을 받을 수 있다는 점이다.

그러나 여기서 곰곰이 생각해보아야 할 것이 있다. 반장을 하면 정말 리더십을 키울 수 있느냐는 것이다. 이에 대해 필자는 회의적이다. 반장을 해서 발휘하는 리더십이란 다분히 남 위에서 군림하고 지시하는 정도에 지나지 않는다. 하지만 앞으로 요구되는 리더십은 예전처럼 남 위에 군림하고 지시하는 것이 아니다. 자기가 책임지고 있는 구성원들에게 바른 비전을 제시하고 봉사하는 섬김의 리더십인 것이다. 이런 리더십은 반장을 한다고 길러지지 않는다.

반장 하겠다고 연설을 할 때는 비전을 제시해야 한다. 자기가 학급과 친구들에게 어떻게 하겠다는 생각이 담겨 있어야 한다. 말이 유창하거나 번지르르하지 않아도 자기의 꿈과 생각이 담겨 있어야 한다. 하지만 요즈음 아이들의 유세문은 너무 정치적이고 말만 번지르르하다. 자기가 작성한 것이 아니라 어른이 작성해주었기 때문이다. 어른이 작성해준 유세문 속에 어떻게 아이의 꿈과 생각이 담기겠는가? 자기가 작성하지도 않았는데 유세문 속에 있는 많은 공약을 실천할 수 있을까? 필자는 아쉽게도 공약을 제대로 지키는 반장들을 거의 보지 못했다.

부모가 온갖 방법을 동원해서 아이를 반장으로 만들 수는 있다. 하지만 이렇게 해서 반장이 되면 아이에게 결코 도움이 되지 않는다. 리더십도 길러지지 않는다. 자녀가 진정으로 리더십 있는 아이로 자라길 바란다면 평소에 남을 배려하는 모습부터 길러줘야 할 것이고, 남들도 인정할 만한 성실성을 갖추도록 노력을 기울여야 할 것이다. 이런 모습을 갖춘 아이라면 단언컨대 반장 하기 싫다고 해도 친구들이 하라고 난리를 칠 것이다. 우리 아이들도 그 정도의 안목은 가지고 있다. 그리고 부모들은 내 자녀가 반장이 되지 못한 것을 슬퍼하기보다는 아무 생각 없이 반장이 된 것을 슬퍼해야 한다. 반장이 되고 나서 공약을 지키지 못하는 모습에는 더욱 슬퍼해야 할 것이다.

1. 자녀가 학년 초에 반장에 출마하려 한다면 다음 사항을 점검해보자.

   ① 리더 자리는 감투를 쓰는 자리가 아님을 분명히 알려주어라. 리더는 다른 사람보다 더욱 땀을 흘려야 하는 자리이고 책임이 막중한 자리임을 알려주어라. 반장은 남을 위해 봉사하는 자리이니 자기 일은 자기가 할 줄 알고 남을 위해서도 일해야 함을 인지시켜라.

   ② 반장이라면 분명한 자기 생각이 있어야 한다. 어떤 사명을 가지고 반장을 할 것인지 생각해보게 하라.

   ③ 자녀의 유세문을 부모가 손을 봐줄 수는 있겠지만 절대 전문가나 부모가 대신 해주지 말라.

   ④ 선거를 통해 반장이 될 수도 있고 안 될 수도 있다는 사실을 잘 인식시켜야 한다. 반장이 되었을 경우 패자에 대해 배려하도록 가르쳐야 한다. 또한 본인이 패했다면 승복하는 자세를 가르쳐야 한다.

   ⑤ 리더십leadership보다 더 중요한 것은 팔로우십followship이다. 좋은 팔로어follower는 좋은 리더leader가 될 수 있다. 내 자녀가 먼저 좋은 팔로어가 되어 있는지 살펴보아야 한다.

   ⑥ 반장이 되면 사후 지도가 더 중요하다. 겸손한 마음가짐과 공약을 반드시 지킬 것을 가르쳐라. 공약을 잘 지켜야 아이들은 다음 반장선거에서 또 뽑아준다.

2. 자녀를 바른 리더십을 지닌 사람으로 키우고 싶다면 다음 사항들을 명심하라.

① 먼저 본인에 대해 절제할 줄 알아야 한다.

② 꿈을 가지고 열정적으로 살게 하라.

③ 정기적인 봉사활동을 통해 남을 섬기는 데 익숙해지게 하라.

④ 사람들과 좋은 관계를 맺으면서 살아가는 법을 익혀라.

⑤ 자기가 닮고 싶은 리더를 한 명 정하고 따라 하게 하라.

좋은 부모 되기 위한 오늘의 선포

나는 내 자녀 앞에서 좋은 리더처럼 섬기는 모습을 보여주며 살 것이다!

📖 하루 중 가장 좋은 기회를 잡아서 자녀에게 반드시 속삭여주거나 문자로 보내자.

사랑하는 딸아! 남을 섬기는 삶은 행복한 삶이란다.

자랑스러운 아들아! 너는 이 땅의 좋은 리더로 살아갈 거라 믿는다.

✒️ 구체적으로 적어보고 머릿속으로 1분 동안 그려보자.

자녀가 이 땅의 좋은 리더로 살아가는 모습 상상하기

💧 물 한 방울은 미약하지만 바위를 뚫는다. 나의 작은 실천이 모여 내 자녀의 인생을 뚫을 것이다.

좋은 리더의 모습 이야기해주기

리더는 남 위에서 군림하는 사람이 아니며 남을 섬길 때 좋은 영향력을 줄 수 있다.

👑 인생은 말한 대로 이루어진다. 가슴을 펴고 당당하게 외쳐보자.

내가 좋은 부모가 되겠다고 선포하면 나는 이미 좋은 부모가 된 것이다.

나는 좋은 부모이다. 내 자녀는 행복하고 성공하는 인생을 살 것이다.

내 자녀는 어디를 가든지 좋은 리더의 모습으로 살아갈 것이다.

내 아이가 안 좋은 친구와 어울려요

어떤 형사에게 흥미로운 이야기를 들은 적이 있다. 경찰서에서 범죄자들을 잡으면 그 부모가 경찰서에 오게 마련이다. 그런데 그 부모들이 울면서 한결같이 하는 말이 바로 "형사님! 얘가 어렸을 때는 착했는데 친구 잘못 사귀면서 이렇게 되었습니다"라고 한단다.

필자도 학교 현장에서 이와 비슷한 경험을 많이 한다. 학부모 상담할 때 가장 많이 받는 질문 가운데 하나가 바로 친구 관계이다. 한마디로 아이가 학교에서 친구들과 잘 어울리는지 궁금한 것이다. 자녀의 친구 관계에 대해 제대로 아는 부모도 있지만 잘 모르는 부모도 많다. 그런데 가장 곤란한 것이 이런 부탁이다. "제 아이가 누구와 좀 안 어울렸으면 좋겠으니까 그 아이와 좀 떼놔 주세요." 자기 아이가 그 친구에게 좋지 않은 영향을 받는다는 것이다. 자기 자녀는 옳은 길로 가려고 하는데 그 친구가 자꾸 안 좋은 물을 들인다는 것이다.

물론 이 말이 맞을 수도 있다. 왜냐하면 사람은 친구를 닮으니까 말이다. 하지만 친구를 닮기 이전에 닮은 사람끼리 친구가 된다는 사실을 먼저 기억해야 할 것이다. 유유상종類類相從이라는 말도 있잖은가? 필자가 교사를 하면서 보면 '유유상종'이라는 말처럼 잘 들어맞는 말도 없는 것 같다. 정말 끼리끼리 놀기 때문이다. 책 좋아하면 책 좋아하는 아이들끼리, 게임 좋아하면 게임 좋아하는 아이들끼리, 운동 좋아하면 운동 좋아하는 아이들끼리 서로 친구가 된다. 맘이 맞지 않고 통하지 않으면 아무리 해도 친구가 되지 않는다. 하지만 서로 맘이 맞고 통하면 아무리 떼어놓으려고 해도 친구가 된다.

그런데 부모들은 이러한 사실은 간과하는 것 같다. 자녀가 어떤 친구와 어울려서 좀 못된 짓을 하면 친구 잘못 사귀어서 빚어진 일이라고 생각한다. 하지만 그렇지 않다. 자녀가 좋지 않은 친구와 어울려 다닌다면 그 친구도 문제가 있겠지만 자녀에게도 문제가 있을 확률이 높다. 학교에서 보면 게임에 중독된 아이들은 친구 관계가 좋지 않다. 그런데 이런 아이들도 반에서 꼭 친한 친구들이 있다. 거의 게임을 좋아하는 아이들인데 이들의 대화도 주로 게임 이야기이다. 그런데 부모님들은 "누구와 어울리면서 내 아이가 게임에 중독되었다"라고 말한다. 객관적인 교사의 입장에서 보면 전혀 그렇지 않은데 말이다. 많은 부모가 이렇듯 '잘되면 내 자녀 탓이고 못 되면 친구 탓'으로 돌린다. 이렇게 생각하면 자녀를 제대로 양육하기 힘들다. 자녀가 좋은 친구를 사귀기 원한다면 자녀를 먼저 좋은 친구가 될 만한 사람으로 키워야 한다.

내 자녀가 평판이 안 좋은 아이와 친하게 지내고 있어서 속상한가? 그 아이에게서 내 자녀를 떼어놓으려는 것 이상으로 내 아이의 문제점도 바로잡아주려고 노력해야 할 것이다. 문제 있는 친구와 어울린다면 내 자녀에게도 그와 비슷한 문제가 있다고 생각해야 한다. '내 자식은 절대 그럴 리가 없어' 라는 생각은 곤란하다.

또한 부모는 자녀의 친구 관계를 잘 살피고 자세히 알아야 하는데, 학교 담임 교사에게 많은 도움을 얻을 수 있다. 교사는 자녀의 친구 관계에 대해 공평한 시각으로 조언을 해줄 수 있는 사람이다. 그리고 가끔 자녀의 친한 친구들을 집으로 초대해 면면들을 살펴보면 내 자녀의 모습도 알 수 있다. 자녀의 친구들이 욕을 잘한다면 당신의 자녀도 부모가 보지 않는 곳에서 욕을 할 것이다. 이 경우 욕을 하는 친구를 탓하기 전에 내 자녀를 훈육해야 한다.

부모들은 꼭 기억해야 한다. 내 아이가 친구 때문에 잘못되는 것이 아니고 또 좋은 친구를 사귀길 원한다면 내 자녀가 먼저 좋은 친구가 되어야 한다는 사실 말이다.

생각해보고 꼭 적어봅시다!

1. 내 자녀의 친한 친구들 이름을 적어보자.

_____

_____

_____

_____

2. 만약 위 문제에서 한 명도 적지 못했다면 둘 중 하나일 것이다. 자녀가 친한 친구가 한 명도 없든지, 아니면 부모가 자녀의 친구 관계에 관심이 없는 것이다. 만약 후자에 해당된다면 지금 자녀에게 친한 친구에 대해 이야기해달라고 해서 이름과 간단한 특징을 적어보자.

주의점 : 절대 취조식으로는 묻지 말아야 한다. 그리고 어른들의 잣대로 평가하지 말자. 아이들은 그런 어른들의 잣대에 질색을 하니까 말이다.

_____

_____

_____

_____

_____

_____

_____

3. 혹시 지금 자녀가 사귀는 친구 중에 마음에 들지 않는 친구가 있는가? 하지만 그 아이의 모습이 내가 보지 못하는 내 자녀의 모습일 수 있다. 무조건 사귀지 말라고 할 것이 아니라 내 자녀에게는 비슷한 문제가 없는지 살펴보아야 한다. 그 문제를 제거하지 않으면 그 친구들을 계속 사귈 것이다.

4. 자녀의 친한 친구들을 초대해서 시간을 보내자. 내 자녀를 좀 더 다른 각도로 볼 수 있는 기회가 될 것이다.

게임 중독은 마약 중독처럼 치명적이다

알코올 중독, 마약 중독, 게임 중독과 같은 중독들은 한번 빠지면 헤어 나오기가 어렵다는 공통점이 있다. 한번 빠진 후에는 좀처럼 치료하기가 어려울 뿐만 아니라 설혹 치유가 되었다고 해도 차후에 다시 중독될 확률이 매우 높다. 이런 중독들은 무엇보다도 미연에 방지하는 것이 가장 좋은 방법이다.

이 중에서 특별히 게임 중독은 우리 아이들의 영혼을 점점 잠식하고 있다. 마약 중독이나 알코올 중독은 얼마나 사람에게 치명적으로 나쁜지 알고 있지만 게임 중독은 우리 부모들이 미처 해악성과 심각성을 느끼지 못하고 있다. 학부모 상담을 하다 보면 게임 중독에 빠진 아이 부모가 보이는 반응은 '우리 아이가 공부는 안 하고 게임만 해서 속상하다' 라는 정도이다. 하지만 이런 약한 대응으로는 아이를 게임 중독에서 빼낼 수 없다. 만약 아이가 소주를 집에서 매일 한 병씩 마시는 알코올 중독 증세를 보인다면 어떻게 하겠는가? 아마 병원에 데려가고 난리가 났을 것이다. 그런데 게임 중독도 이처럼 심각하게 받아들이고 적극적으로 대처하지 않으면 자녀를 폐인으로 만들 수 있다.

국내 여러 대학 연구소의 연구에 의하면 우리나라 청소년 세 명 중 한 명은 친구들과 어울려 노는 것보다 혼자서 인터넷이나 게임을 하는 것을 좋아한다. 초등학교에서도 게임 중독에 빠진 아이들이 한 반에 네댓 명은 된다. 이 아이들의 특징은 수업 시간에 집중을 하지 못하며 친한 친구가 없다. 또 신경질을 잘 내고 공격적이며 생각하기를 싫어하고 매사에 의욕이 없다.

아이가 이런 게임 중독에 빠지지 않게 하려면 무엇보다 예방이 중요하다. 그러려면 다음과 같은 사항을 특히 유념해야 한다.

첫째, 게임 중독에는 원인이 있는데 그 원인을 잘 따져보아야 한다. 게임에 몰두하는 아이들은 대부분 현실에서 즐거움을 찾지 못하고 현실을 회피하고 싶어 한다. 친구 관계가 원만하지 못하다든지 또는 부모와의 관계가 원만하지 못해서 게임에 빠져들 수 있다. 또한 또래의 문화이기 때문에 그 주류에 끼고 싶어서 게임 중독에 빠질 수도 있고 영웅 심리를 느껴보고 싶어서 빠져드는 경우도 있다. 이외에도 자존감이 낮거나 자아 정체성에 불만이 있는 아이도 게임 중독에 잘 빠진다고 한다. 중독에 빠져드는 원인은 이처럼 여러 가지가 있다. 때문에 자녀가 게임 중독에 빠졌다면 전문가와 상담을 반드시 해보아야 한다.

둘째, 온라인상의 게임보다 오프라인상의 현실 속에서 더 재미있고 유익한 활동을 개발해야 한다. 필자가 보기에는 소극적인 남자아이가 주로 게임 중독에 빠져든다. 친구들과 잘 어울리지 못하고 내성적인 이런 아이들에게는 평상시 즐길 만한 운동을 꾸준히 시키는 것이 좋다. 특히 남자아이들의 경우 아빠와 같이 할 수 있는 운동을 한 가지 정도 시키면 신체의 건강을 위해서나 정서적으로 매우 도움이 된다. 수영보다는 농구, 테니스, 베드민턴, 축구와 같이 땀을 흘리면서 하는 운동이 아이들에게 권할 만하다. 현실 속에서 아무런 재미를 느끼지 못하는 아이들이 인터넷에 빠져드는 것은 어찌 보면 당연한지도 모른다. 하지만 우리가 살아가야 할 세상은 현실이지 가상 세계가 아니다. 우리 아이들에게 좋아하는 운동이나 취미 활동 등을 어렸을 때부터 한두 가지 갖게 해야 게임 중독을 미연에 방지할 수 있을 뿐 아니라 삶을 풍성하게 만들 수 있다.

셋째, 컴퓨터는 처음 접할 때부터 시간을 정해놓고 사용하는 것이 무엇보다 중요하다. 요즈음 아이들은 유치원 때부터 컴퓨터를 접하는데, 처음에는 학습용이지만 시간이 흐르면 어느새 게임 전용 도구로 전락한다. 이를 방지하려면 컴퓨터를 처음 접할 때부터 사용 시간을 정해주는 것이 좋다. 예를 들어 30분만 하기로 했으면 30분을 한 후에 반드시 컴퓨터를 끌 줄 아는 훈련이 필요하다는 이야기이다. 게임 중독이란 별 게 아니다. 자기 스스로 컴퓨터를 멈출 수 없는 상태를 말한다. 하지만 어렸을 때부터 시간을 정하고 컴퓨터를 하는 버릇을 들이면 컴퓨터에 대한 컨트롤 능력이 길러진다. 그러면 나중에 청소년이 되어도 스스로 컨트롤을 할 수 있게 된다. 컴퓨터는 하루에 30분씩 하는 것보다는 이틀에 1시간을 하는 것이 중독에 빠지지 않을 확률이 높다고 한다.

넷째, 아이의 자존감을 높여주어야 한다. 게임 중독에 빠지는 대부분의 아이들은 자존감이 낮다. 쉽게 이야기하면 부모에게 칭찬을 받지 못하고 자라는 아이들이라는 말이다. 부모의 칭찬은 아이의 자존감의 기저이다. 그래서 부모의 칭찬을 받지 못하면 자존감이 없거나 아주 낮게 형성된다. 그런 아이들은 매사에 자신감이 없고 현실로부터 도피하고 싶어 한다. 그런데 현실에서 도피할 수 있는 가장 쉬운 방법이 가상 공간인 인터넷이다. 따라서 자녀가 게임 중독에 빠졌다면 부모는 평소 자신의 언어 습관 등을 곰곰이 생각해볼 필요가 있다. 본인이 자녀의 자존감을 세워주는 말을 하는지, 자존감을 죽이는 말을 하는지 말이다.

게임 중독은 다시 한 번 말하지만 치료보다 예방이 중요하다. 그리고 중독이 의심된다면 대수롭지 않게 생각하지 말고 알코올 중독이나 마약 중독처럼 반드시 전문적인 치료가 필요하다는 것을 다시 한 번 강조한다.

생각해보고 꼭 적어봅시다!

1. 일반적으로 다음과 같은 증상을 보일 때, 게임 중독이라고 본다. 자녀의 상태를 한번 점검해보자.

① 밥을 먹지 않고 밤새 게임에만 몰두한다.

② 밤새도록 게임을 하느라 학교에서는 잠만 잔다.

③ 게임을 하지 않을 때에도 늘 게임에 관한 생각들뿐이다.

④ 과도한 게임으로 학업이 떨어졌거나, 친구에 대한 불만이 쌓인다.

⑤ 가족과 매일 다투거나 부모에게 꾸중을 듣는다.

⑥ 게임으로 인해 건강이 나빠졌다.

⑦ 가끔 현실과 게임 공간이 구분이 안 될 때가 있다.

⑧ 꿈에서도 게임에 관한 꿈을 꾼다.

2. 컴퓨터 게임 중독보다 더 중독성이 강한 것이 음란 사이트 중독이다. 학교 현장에서 보면 4학년부터 음란물을 접하기 시작해서 6학년이 되면 거의 모든 아이가 한두 번은 음란물을 접해본 경험이 있는 것으로 조사된다. 다만 그 횟수와 빈도의 차이만 있을 뿐이다. 통계에 의하면 한 달에 한 번 이상 음란 채팅을 즐기는 청소년 비율은 6.1%이며, 주기적으로 음란물을 경험하는 청소년은 21.9%나 된다고 한다. '내 아이는 아니겠지' 라는 안일한 생각은 금물이다.

3. 게임 중독을 피하기 위해 다음과 같은 사항을 유념하자.

① 하루 중 컴퓨터를 켜고 끄는 시간을 일정하게 정하고, 꼭 지키도록 노력한다.

② 혼자서 컴퓨터를 사용하는 것을 피한다.

③ 오락과 휴식의 도구로서의 컴퓨터 사용을 줄인다.

④ 신체적 활동 즉 운동을 하는 시간을 늘린다.

⑤ 사이버 공간이 아닌 현실 공간에서의 대인 관계를 늘린다.

⑥ 더 재미있는 대안 활동을 찾는다.

⑦ 이런 노력을 통해서도 중독 증상이 해결되지 않으면 정신의학 관련 전문가와 상의해야 한다.

※자료 제공: 청소년 인터넷 중독과 대처방안(한동대 송성규)에서 발췌한 내용임

좋은 부모 되기 위한 오늘의 선포

나는 내 자녀 앞에서 컴퓨터에 빠져 있는 모습을 보이지 않을 것이다!

📖 하루 중 가장 좋은 기회를 잡아서 자녀에게 반드시 속삭여주거나 문자로 보내자.

사랑하는 딸아! 너는 즐겁고 행복한 인생을 살 거야.

자랑스러운 아들아! 인생은 한번 살아볼 만하단다. 멋있게 한번 살아보거라.

✏️ 구체적으로 적어보고 머릿속으로 1분 동안 그려보자.

좋은 취미를 가지고 풍성한 삶을 살아가는 자녀 모습 상상하기

💧 물 한 방울은 미약하지만 바위를 뚫는다. 나의 작은 실천이 모여 내 자녀의 인생을 뚫을 것이다.

자녀와 같이 하는 좋은 취미 갖기

👑 인생은 말한 대로 이루어진다. 가슴을 펴고 당당하게 외쳐보자.
　　내가 좋은 부모가 되겠다고 선포하면 나는 이미 좋은 부모가 된 것이다.

나는 좋은 부모이다. 내 자녀는 행복하고 성공하는 인생을 살 것이다.

내 자녀는 좋은 취미를 가지고 풍성한 인생을 살아갈 것이다.

휴식이 없는 아이들
방학이 더 고달픈 아이들

삶에서 휴식은 정말 중요한 위치를 차지한다. 아직도 휴식을 그냥 노는 것 정도로 폄하하는 사람들이 있지만 휴식은 일보다 더 중요하다. 사람들은 일하기 위해 쉬는 것 같지만 실상은 쉬기 위해 열심히 일하는 것이다. 이 휴식의 중요성은 어른이나 아이들이나 모두에게 중요하다. 휴식에 관한 한 가지 예화를 하나 소개하고자 한다.

어떤 젊은이와 노인이 도끼를 들고 나무를 베고 있었다. 젊은이는 쉬지 않고 계속 나무를 베었고 노인은 중간중간 쉬면서 나무를 베었다. 그런데 나중에 벤 나무 양을 비교해보니 젊은이보다 노인의 것이 더 많았다. 젊은이가 신기하기도 하고 분하기도 해서 노인에게 "저는 당신이 쉬는 동안에도 나무를 베었는데 어떻게 당신이 저보다 더 많이 베었습니까?" 하고 물었다. 그러자 노인이 껄껄 웃으면서 말했다. "이보게 젊은이, 그냥 쉰 것이 아니라 쉬면서 도끼 날을 갈았다네."

이 이야기에서처럼 쉬지 않고 일하면 더 많이 할 수 있을 것 같지만 실상은 그렇지 않다. 집중력이 떨어져서 적당히 쉬면서 일하는 것보다 더 못한 것이다. 휴식이 없으면 활동도 할 수 없다. 사람의 뇌는 잠을 자면서 다음 날 쓸 에너지를 충전한다. 아이들의 키도 밤에 자라고 뇌도 밤에 자란다. 언뜻 보면 휴식은 무기력한 것 같고 생산도 못하는 것처럼 보이지만 휴식이 보장되지 않으면 어떤 활동도 제대로 할 수 없다.

이렇게 중요한 휴식이 요즈음 아이들에게는 보장되지 않는 듯하다. 할 일이 너무 많고 바쁘다. 아이들의 휴식은 어른들의 휴식과 좀 다르다. 아이들에게 휴식은 노는 것이다. 하지만 요즘 아이들에게는 휴식할 수 있는 시간, 즉 놀 수 있는 시간이 없다. 아이들의 하루 일과는 학교 수업을 끝내고 학원 몇 군데를 더 들러야 끝난다. 이런 아이들의 삶 속에서는 휴식이라는 것을 좀처럼 찾기 힘들다. 아이들은 충분히 쉬고 놀아야 하는데 그럴 시간이 없는 것이다. 쉬고 노는 시간이 부모가 보기에는 너무 아까운 것이다. 하지만 이런 생각을 바꿀 필요가 있다. 쉬지 않고 놀지 않으면 절대 집중력을 발휘할 수 없다. 바쁘게 사는 아이가 공부도 잘할 것 같지만 실상은 그렇지 않다. 충분히 휴식하는 아이들이 공부를 더 잘하고 신경질도 덜 낸다. 학교에서 이유 없이 짜증을 내는 아이를 보면 십중팔구는 그 전날 어떤 일을 늦게까지 힘겹게 한 것을 알 수 있다. 이런 아이는 휴식을 충분히 하지 않았기 때문에 다음 날 활동이나 친구 관계가 힘들고 짜증스럽고 집중을 하지 못하는 것이다. 아이가 집중력 있게 공부하길 바라고 친구들과 사이좋게 지내길 원한다면 아이들의 놀고 싶은 욕망을 억누르지 말아야 한다. 충분한 휴식 시간을 보장해주어야 한다.

방학을 해도 하나도 즐거워하지 않는 아이가 많다. 왜냐하면 방학을 하면 더 고달프기 때문이다. 학교 다닐 때보다 더 꽉 짜인 일정표대로 움직여야 하니 차라리 방학이 없는 것이 낫다고 생각하는 것이다. 이런 아이들의 얼굴은 생기가 없고 병자처럼 수심이 가득 차 있다. 방학 때 아이들이 쉬지 못하는 이유는 많은 경우 선행학습을 하기 때문이다. 하지만 선행학습보다 더 중요한 것은 방학 동안 계획 있게 쉬는 것이다. 앞의 예화에서 노인이 도끼날을 갈면서 쉬었듯이 방학이란 재충전하면서 다음 학기를 준비하는 기회로 삼아야 한다. 에너지를 비축했다가 학기가 시작하는 순간부터 에너지를 발산해야 하는 것이다.

개구리는 계속 점프만 할 수 없다. 움츠리는 시간이 반드시 있어야 한다. 움츠리는 시간이 우리 아이들에게는 노는 것이고 휴식 시간인 것이다. 충분히 움츠린 개구리가 더 힘있게 멀리 점프할 수 있듯이 충분히 휴식을 한 아이가 더 활기차게 학교 생활을 할 수 있다. 당신의 자녀가 매사 무기력하고 짜증 내고 집중력이 없다면 제대로 휴식을 하고 있는지부터 점검해보는 지혜가 필요하다. 부모가 조급한 마음을 가지면 아이의 삶 속에서 휴식을 몰아내기 쉽다.

1. 자녀의 생활 속에서 휴식을 보장해주려면 먼저 나의 삶 속에서 휴식의 중요성을 깨달아야 한다. 우리나라의 많은 직장인이 일중독에 빠져 있다고 한다. 일중독에 빠진 부모는 자녀에게도 공부만 강요하는 경향이 있다. 자신이 일만 중요시하며 살지는 않는지 돌아보자.

---

2. 자녀가 생활 중에서 휴식을 충분히 누리고 있는가? 다음 항목들을 점검해보자.

   ① 하루 생활 중 휴식 시간은 충분한가? 자녀가 너무 힘들어하고 있다면 욕심을 줄이기 바란다. 인생은 단거리가 아니라 마라톤이라는 사실을 꼭 기억하라.

   ② 주말에는 휴식을 충분히 보장해주고 있는가? 주말에 아무것도 시키지 않는 것도 문제이지만 주말까지 꽉 조이는 것은 아이를 지치게 만드는 요인이다.

부모의 눈에는 보이지 않는 것들 205

③ 나의 자녀는 방학을 어떻게 보내는가? 방학이지만 반드시 생활 계획표가 필요하다. 그 생활계획표 속에 휴식이 충분한지 점검해보라. 충분히 잘 쉬고 온 아이들이 학교 생활에서 성공할 확률이 높다. 특히 방학 중에는 독서나 캠프 참여, 친척 방문, 가족 여행 같은 활동을 적극적으로 권한다.

3. 자녀의 휴식 시간을 점검해보고 바람직하지 못한 요소가 있는지 살펴보자. 다음에 제시하는 것들은 바람직하지 못한 휴식이다.
   ① 남는 시간을 '시간 죽이기' 식으로 텔레비전만 본다든지 빈둥빈둥 지내는 것은 결코 바람직하지 못하다. 본문의 예화에서처럼 그냥 무작정 쉬는 것이 아니라 도끼날을 갈면서 쉬어야 한다.
   ② 휴식 시간을 즐긴다는 명목으로 컴퓨터 게임 등을 하는 경우가 있다. 이런 휴식 시간은 독이 된다. 독서를 한다든지 산책이나 놀이와 같은 활동들은 뇌를 활성화하지만 컴퓨터 게임은 뇌를 피곤하게 만든다. 가급적 휴식 시간에는 컴퓨터 게임을 허락하지 말라.

③ 남자아이들에게는 동적인 활동이, 여자아이들에게는 정적인
활동이 휴식이다. 따라서 엄마가 임의로 휴식의 형태를 제한하
는 것은 옳지 않다.

학원이 능사가 아니다

　현장 학습이나 수련회를 가면 아이들은 언제나 "선생님! 몇 시에 돌아와요?" "몇 시에 학교 도착해요?" 하고 묻는다. "음, 오후 3시 30분에 도착 예정이다"라고 말하면 어떤 아이들은 환호성을 지르고 어떤 아이들은 실망스러운 표정을 짓는다. 환호성을 지르는 까닭은 늦게 도착하면 학원에 안 가도 되기 때문이다. 실망스러운 표정을 짓는 까닭은 빨리 도착하면 꼼짝없이 학원에 가야 하기 때문이다. 그러면서 이렇게 말한다. "선생님, 30분만 늦게 도착하면 안 돼요? 그러면 학원 안 갈 수 있는데… 제발 차 좀 막혀라." 꼼짝없이 학원에 가야 하는 아이들은 엄마에게 전화하기 바쁘다. "엄마, 오늘 하루만 학원 빠지면 안 돼?" 만약 엄마 승낙이 떨어지기라도 하면 아이는 깡충깡충 뛰면서 좋아한다. "아싸! 오늘 학원 안 가도 된다." 그러면 주변에 있는 아이들은 부러운 눈으로 "좋겠다~"를 연발한다.

　이런 광경을 보고 있노라면 마음이 착잡하다. 이렇게도 학원에 가기 싫어하는데 왜 보낼까? 실력 향상은 고사하고 아이들이 학원 때문에 공부를 지겨워하는 것을 알고는 있는지 궁금하다. 차라리 학원 보내는 돈으로 보약이나 한 재 해 드시면 나을 텐데 하는 생각이 절로 든다.

아이들은 대체로 학원 다니는 것을 싫어한다. 자기가 좋아서 다니는 아이들도 있지만 그런 아이는 드물다. 많은 경우 부모가 강권해서 다닌다. 그런데 그런 경우 학원을 통해 실력을 향상시키기는 어렵다. 필자가 아이들을 대상으로 '학원 가는 것이 실력 향상에 도움이 된다고 생각하느냐?' 라는 설문을 해보면 '그렇다' 와 '그렇지 않다', '보통이다' 가 3분의 1씩 갈린다. 하지만 특이한 점은 '그렇다' 라고 대답한 아이들 중에서 '매우 그렇다' 라고 답한 아이들은 거의 없는 반면 '매우 그렇지 않다' 라고 답한 아이들은 많다는 것이다. 긍정의 강도보다 부정의 강도가 훨씬 강한 걸 알 수 있다. 이는 많은 아이들이 자기가 원해서가 아니라 부모의 강압에 못 이겨 학원에 다니기 때문이다.

현장 교사로서 학원을 폄하하고 싶은 생각은 없다. 아이들 실력 향상에 도움이 된다면 학원을 10군데라도 다녀야 한다고 생각한다. 그러나 현실에서 보면 학원에 다니기보다는 차라리 안 다니고 스스로 공부하면 훨씬 더 잘할 아이들이 눈에 많이 띈다. 그것이 안타깝다.

학원에 다니는 아이들을 살펴보면 몇 가지 공통점이 있다.

첫째, 수업시간에 산만하다. 대부분의 학원에서는 선행학습을 한다. 그래서 학교에서는 아는 것처럼 착각해서 수업에 집중을 안 한다. 개중에는 딴 짓을 하다 교사에게 자꾸 지적되어 수업 태도가 나쁜 아이로 치부되는 경우도 많다.

둘째, 집중력이 부족하다. 사람이란 집중력에 한계가 있다. 특히 어린 아이들은 더욱 그렇다. 학교에서 6시간 정도 공부하면 아이들의 집중력은 바닥이 드러난다. 그런데 학원에 다니는 아이들은 하교 후에도 3~4시간을 더 공부해야 하기 때문에 체력이 약해지고 집중력도 저하된다. 초등학생들이 이처럼 무리를 하니 학교에서 코피를 흘리고 앉아 있는 것이다.

셋째, 자기 주도적 학습 능력이 부족하다. 자기 주도적 학습 능력이란 스스로 공부할 수 있는 능력을 일컫는다. 자기 주도적 학습 능력의 상실은 다른 무엇보다 큰 문제이지만, 눈에 보이지 않는다는 것이 특징이다. 이 능력을 갖춰야 시간이 흐를수록 진정한 실력을 갖춘 학생이 될 수 있다. 자기 주도적 학습 능력이 없는 아이들은 고학년으로 갈수록 성적이 뒷걸음질친다. 또한 계속 학원을 다녀야만 현상 유지라도 할 수 있는 의존적인 사람이 된다.

넷째, 학교에서는 학원 숙제를 하고 학원에서는 학교 숙제를 한다. 필자가 한참 수업을 하다 보면 뭔가를 열심히 쓰는 아이들이 있다. 가서 보면 다름 아닌 학원 숙제를 하고 있다. 학교 끝나자마자 학원 가고 학원 끝나고 집에 오면 피곤해서 겨우 밥 먹고 쓰러져서 자기 바쁘니 숙제를 할 시간이 없는 것이다. 그래서 학교 수업 시간에는 선생님 눈치 보면서 학원 숙제를 하고, 학원에 가면 학원 강사 눈치 보면서 학교 숙제를 하는 것이다. 이렇게 하는 숙제라면 제대로 할 리도 없고 실력 향상에 도움도 되지 않는다. 이런 일이 계속되면 교사에게 안 좋은 이미지만 심어주게 된다.

공부는 반드시 스스로 해보는 과정이 있어야 한다. 선생님의 설명을 들을 때는 다 알 것 같지만, 집에서 막상 혼자 해보면 안 되는 것이 공부이다. 실력이란 배운 것을 복습하고 음미하면서 늘어나는 것이다. 'I hear and I forget' 'I see and I remember' 'I do and I understand' 라는 말을 마음에 새겨야 한다. 들은 것은 금세 까먹고 자기가 직접 해보아야 비로소 이해가 되는 것이다. 학원에 다니는 아이들은 듣기는 많이 듣는다. 학원 강사에게 듣고 학교 교사에게 듣고 과외 교사에게도 듣는다. 그러나 정작 자기가 직접 해볼 시간이 없다는 것이 문제다. 그래서 학원에 다녀도 실력이 나아지지 않는 것이다.

당신의 자녀는 어떤가? 자녀가 죽어도 싫다는데 강제로 학원에 보내지는 않는가? 학원을 너무 많이 다녀서 스스로 공부할 시간적 여유가 없는 것은 아닌가? 기억해두자. 학원이 능사는 아니다.

생각해보고 꼭 적어봅시다!

1. 자녀가 다니는 학원을 적어보고, 자녀가 원해서 다니는 학원과 그렇지 않은 학원을 구분해보자.
   ① 지금 다니고 있는 학원

_____

_____

② 자녀가 원해서 보내는 학원

_____

_____

③ 부모의 강권으로 다니는 학원

　부모의 강권으로 다니는 학원이라도 아이가 그럭저럭 잘 다니면 크게 문제가 되지 않겠지만, 매번 도살장 끌려가는 소처럼 다닌다면 재고해보아야 한다.

_____

_____

2. 자녀를 학원에 보내는 이유는 무엇인가?

　① 남들 다 보내는데 내 자녀만 안 보내려니 왠지 불안하다.

　　▸ 소신이 필요하다. 학원에 안 다녀도 공부 잘할 수 있다. 스스로 잘하고 있는 아이를 좀 더 잘하라고 학원에 보내면 역효과가 난다. 자기 주도적 학습 능력을 상실한다. 공부는 스스로 하는 것임을 명심하라.

　② 자녀가 보내달라고 해서 보낸다.

　　▸ 가장 바람직한 경우이다. 자녀가 무엇인가를 더 배우려고 학원에 보내달라고 하는 것은 쌍수를 들고 환영할 만한 일이다.

하지만 자녀가 왜 학원에 보내달라고 하는지 자세히 알아보아야 한다. 친구들과 놀기 위해서 학원에 보내달라고 하는 경우도 있으니까.

3. 자녀가 학원 좀 쉬게 해달라고 하는데 혹시 계속 보내지는 않는가? 자녀와 대화를 나눠서 학원을 쉬는 대신 1시간 정도만 집에서 스스로 공부하겠다는 약속을 받아낸다면 그렇게 해주어라. 그것이 아이의 장래를 위해 훨씬 바람직하다.

좋은 부모 되기 위한 오늘의 선포
자녀의 인생을 길게 보고 조급해하지 않는 부모가 될 것이다!

📋 하루 중 가장 좋은 기회를 잡아서 자녀에게 반드시 속삭여주거나 문자로 보내자.
사랑하는 딸아! 학교 다니랴 학원 다니랴 너무 고생 많지.
자랑스러운 아들아! 학교 다니는 것도 힘들 텐데 학원까지 다니느라 고생 많지?

✏️ 구체적으로 적어보고 머릿속으로 1분 동안 그려보자.
학원 다니지 않고도 스스로 공부할 줄 아는 자립심이 강한 모습 상상하기

✌️ 물 한 방울은 미약하지만 바위를 뚫는다. 나의 작은 실천이 모여 내 자녀의 인생을 뚫을 것이다.
학원 다니는 것이 힘들지는 않는지, 애로점은 없는지 이야기해보기
뺄 수 있는 학원은 빼고 독서나 놀이 시간으로 대체해주기

👑 인생은 말한 대로 이루어진다. 가슴을 펴고 당당하게 외쳐보자.
내가 좋은 부모가 되겠다고 선포하면 나는 이미 좋은 부모가 된 것이다.
나는 좋은 부모이다. 내 자녀는 행복하고 성공하는 인생을 살 것이다.
부모인 내가 먼저 끊임없이 배우고 노력하는 모습을 보여줄 것이다.

텔레비전을 없애라, 거실에서라도

현대인은 무료할 때 텔레비전을 즐겨 본다. 텔레비전을 보면 한두 시간은 금세 지나간다. 그런데 텔레비전을 보고 나서 의미 있는 시간을 보냈다고 하는 사람은 거의 없다. 거의 모든 사람이 '내가 왜 그랬을까?' 하고 후회를 한다. 텔레비전을 보고 있어봤자 득이 될 게 없다는 것을 뻔히 알면서도 시간만 나면 텔레비전 앞에 앉아 있는 자신의 모습을 발견하곤 한다. 결혼을 해서 아이를 낳으면 아이도 똑같은 자세로 내 옆에 앉아서 텔레비전을 본다.

부모들은 텔레비전을 보면서 자녀에게는 "텔레비전 그만 보고 공부해라"라고 말한다. 그러면 열이면 열 모든 아이가 "엄마 아빠는 텔레비전 보면서…"라고 말한다. 그러고는 마지 못해 자기 방으로 들어가거나 계속 보다가 혼이 나곤 한다. 마지 못해 자기 방으로 들어간 아이도 눈으로는 책을 보지만 귀는 계속 거실의 텔레비전에 가 있다. 이런 모습은 많은 가정에서 흔히 볼 수 있다.

10년 전에는 각 가정에 텔레비전이 한 대 정도밖에 없었는데, 이제는 두 대 이상 있는 가정이 많다. 아이들에게 조사해보니 세 대 이상되는 가정도 꽤 많다. 텔레비전 크기도 어지간한 집에서는 50인치가 넘는다. 하지만 텔레비전 수와 크기는 자녀 교육과 반비례한다는 사실을 기억해야 한다.

외국의 어느 심리학자가 한 우수 고교의 학생 200명을 대상으로 시간을 어떻게 보내는지 조사해본 결과, 자기 목적성(자신이 하는 일에 열정을 쏟으며 적극적으로 살아가는 성향)이 높은 상위 50명과 자기 목적성이 낮은 하위 50명은 여러 가지 면에서 확연한 대비를 보였다고 한다. 상위 50명과 하위 50명을 비교해보면 공부하는 시간은 11:6, 취미활동은 6:3.5, 운동은 2.5:1이었다고 한다. 하위 50명이 상위 50명보다 시간을 더 많이 투자하는 것은 텔레비전 시청이었는데 15.2:8.5로 하위 50명이 상위 50명보다 배가 많았다고 한다. 이는 텔레비전을 많이 시청하는 사람일수록 삶의 목표가 뚜렷하지 못하고 시간을 흐지부지 보낸다는 것을 의미한다. 텔레비전을 많이 보면 그냥 되는 대로 목표 없이 사는 인생이 되기 쉽다는 말이다.

텔레비전의 폐해는 앞에서 언급한 것 외에도 아이들을 감각적으로 만들고, 독서의 최대의 적이며 창의력을 떨어뜨리는 등 이루 다 열거하기 힘들다. 그럼에도 불구하고 어른 아이 할 것 없이 텔레비전 앞에 매달려 있다. 텔레비전을 보는 것은 그만큼 중독성이 강하고 어지간한 의지력으로는 제어하기 어렵다. 인간이 텔레비전을 조종하는 것이 아니라 텔레비전에 의해 인간이 조종되는 것이다.

우리 아이들을 텔레비전으로부터 벗어나게 해주려면 부모의 도움이 절대적이다. 자녀가 아무리 텔레비전을 보지 않으려는 기특한 생각을 가졌어도 부모님이 보고 있으면 어쩔 수 없이 눈길이 간다. 필자 생각에 텔레비전으로부터 벗어날 수 있는 가장 확실한 방법은 텔레비전을 없애는 것이다. 필자는 큰 결심을 하고 결혼할 때 텔레비전을 아예 사지 않았다. 처음에는 여러 가지를 걱정했지만 지금 돌이켜 생각해보면 가장 잘한 결심 가운데 하나였다. 텔레비전이 없다 보니 필자 가정의 저녁 풍경은 저녁밥 먹고 이야기를 하거나 독서를 하는 모습이다. 아이들도 으레 그런 줄 알고 자기들끼리 놀이를 하거나 책을 읽는다. 편한 자세로 각자 책을 읽는 모습을 보면 참으로 뿌듯하다. 텔레비전이 없으니 취침 시간도 다른 집에 비해 매우 빠르다. 텔레비전 없어서 생기는 불편함은 전혀 없다. 오히려 가끔 다른 집에서 텔레비전을 한두 시간 보고 오면 괜히 짜증이 나고 머리가 아프다. 가끔 컴퓨터로 영화를 다운 받아서 보는데 그 시간을 온 가족이 좋아한다.

필자는 이런 경험 때문에 학부모 상담 때 자녀 교육을 위해 텔레비전을 없애라고 말한다. 하지만 실천에 옮기는 부모는 거의 보지 못했다. 아이들은 다 좋다고 하는데 부모가 용기가 없는 것이다. 텔레비전을 안 봐도 사는 데 아무 지장이 없다. 텔레비전이 거실에서 사라지는 순간 부부 간 대화와 자녀와의 대화가 회복될 것이다. 또한 남는 시간이 무료해서 부모가 독서를 하면 자녀들도 따라서 독서를 하게 될 것이다. 그러면 자녀들은 바보상자에게 빼앗겼던 지식과 창의력을 되찾을 것이다. 자녀가 공부하는 데 최대의 적이 텔레비전이라고 생각하는 부모라면 과감하게 결정해야 한다.

생각해보고 꼭 적어봅시다!

1. '카우치 포테이토 증후군Couch potato Syndrome' 이란 말이 있다. 텔레비전에 중독된 사람들이 소파에 앉아 감자칩을 먹으며 지나치게 긴 시간을 텔레비전 시청에 탐닉하는 것을 빗댄 말이다. 다음 항목들을 잘 체크해보고 해당 사항이 4개 이상이면 심각성을 느껴야 한다.
   ① 집에 들어오면 습관적으로 텔레비전부터 켠다.
   ② 일단 보기 시작하면 끄기 어렵다.
   ③ 텔레비전 채널을 특별한 이유 없이 수시로 바꾼다.
   ④ 텔레비전을 볼 때가 제일 행복하다고 느낀다.
   ⑤ 다른 일을 하면서도 습관적으로 텔레비전을 켜놓아야 한다.
   ⑥ 여행을 가서도 텔레비전이 없으면 빨리 집으로 돌아가고 싶다.

2. 우리 집에는 텔레비전이 몇 대나 있는가? 만약 한 대 이상이라면 가족 회의를 거쳐 한 대만 남기는 것이 가정과 자녀 교육을 위해 바람직할 것이다. 텔레비전이 여러 대이면 각 방에서 따로 보기 십상인데, 텔레비전이라도 한자리에 모여서 봐야 하지 않을까? 같이 보아야 한 마디 대화라도 더 할 것이다.

3. 텔레비전을 안 보려면 없애는 것이 상책이지만 없앨 수 없다면 다음과 같이 텔레비전 시청을 조절해야 한다.

① 텔레비전 편성표를 보고 유용한 프로그램만 골라 계획을 세워 시청한다.

② 일주일에 하루 정도는 텔레비전 보지 않는 날을 정해 그날은 절대 텔레비전을 보지 않는다. 또한 텔레비전 시청 시간을 정해놓는다.

③ 가족과 함께하는 시간을 많이 갖는다. 예를 들어 가벼운 운동이나 여행, 외식, 독서 시간을 많이 갖는다.

좋은 부모 되기 위한 오늘의 선포
나는 자녀에게 부모가 먼저 절제하면서 살아가는 모습을 보여줄 것이다!

📋 하루 중 가장 좋은 기회를 잡아서 자녀에게 반드시 속삭여주거나 문자로 보내자.
사랑하는 딸아! TV 보기보다 책 읽기를 좋아하는 네 모습이 참 아름답구나.
자랑스러운 아들아! TV를 절제하는 모습이 믿음직스럽구나.

✎ 구체적으로 적어보고 머릿속으로 1분 동안 그려보자.
절제가 필요할 때 절제할 줄 아는 절제미가 있는 자녀 모습 상상하기

💧 물 한 방울은 미약하지만 바위를 뚫는다. 나의 작은 실천이 모여 내 자녀의 인생을 뚫을 것이다.
가족회의를 통해 텔레비전 보는 규칙 정하기
정한 규칙을 부모가 먼저 깨지 않기

👑 인생은 말한 대로 이루어진다. 가슴을 펴고 당당하게 외쳐보자.
내가 좋은 부모가 되겠다고 선포하면 나는 이미 좋은 부모가 된 것이다.
나는 좋은 부모이다. 내 자녀는 행복하고 성공하는 인생을 살 것이다.
내 자녀는 절제할 줄 아는 사람으로 자라갈 것이다.

Day 36

노는 것이 공부다

교사를 하면서 느끼는 것 중 하나는 요즈음 아이들에게는 수학보다 노는 것을 가르치는 것이 더 힘들다는 것이다. 좀 우습게 들릴지 모르지만 정말 그렇다. 수학 같은 주지 교과는 이미 학원에서 다 배워 어느 정도 내용을 알고 있기 때문에 가르치는 데 별로 어려움이 없다. 하지만 아이들에게 놀이를 가르치려면 속된 표현으로 혓바닥이 닳아야 한다.

팔방놀이, 비석치기, 구슬치기, 오징어 놀이, 땅따먹기, 고무줄 놀이…. 예전에는 아이들이 모였다 하면 너무나 자연스럽게 자기들끼리 편을 갈라서 하던 놀이들인데 요즈음 아이들은 이런 놀이를 할 줄 모른다. 그래서 방법과 규칙을 수학 공식 가르치듯 가르쳐야 한다. 그런데 이 작업이 수학보다 가르치기가 더 힘들다. 규칙을 이해 못하고 방법을 자세히 가르쳐줘도 금세 까먹고 묻기 일쑤이다. 이런 광경을 보노라면 참으로 어처구니없다는 생각이 든다. 교사가 아이들에게 공부를 가르치는 것이 아니라 놀이를 가르치고 있으니 뭐가 잘못되어도 한참 잘못되었다는 생각이 든다.

요즈음 아이들에겐 놀이 문화가 없다. 아이들끼리 어울려 놀 줄 모른다. 점심 시간에 초등학교 운동장을 보면 예전과 많이 달라졌다는 것을 느낀다. 예전에는 초등학교 운동장이 친구들과 놀이를 하는 아이들로 가득 찼다. 하지만 요즈음은 축구를 하거나 몇몇 아이들이 치고 도망치기 놀이를 할 뿐이다. 앞에서 언급한 전래 놀이를 하는 아이들은 거의 없다.

이렇게 된 것은 물론 아이들만의 책임은 아니다. 놀이란 여러 사람이 모였을 때 생겨나는 것인데, 요즈음에는 놀이터에 가도 아이들이 없기 때문에 놀이 문화가 생길 수가 없는 것이다. 상황이 이렇다 보니 수백 년간 이어온 전래 놀이가 맥이 끊길 판이다. 아마 지금과 같은 세태가 몇 십 년만 더 지속된다면 전래 놀이가 무형 문화재로 지정될지도 모르겠다.

이러한 세태를 보면 참 안타깝다. 왜냐하면 아이들에게 놀이가 얼마나 소중한지를 우리 어른들이 너무 모른다는 생각이 들기 때문이다. 놀이는 아이들에게 단순한 놀이가 아니다. 우리 말에 '아이는 놀면서 큰다' 라는 말이 있다. 이 말 속에는 많은 의미가 담겨 있다. 이 말을 바꾸어 말하면 놀지 않으면 못 큰다는 말이 된다. 필자는 아이가 놀지 않으면 제대로 클 수 없다고 생각한다. 아이들의 놀이 속에는 책을 통해 가르칠 수 없는 여러 가지 삶의 지혜가 담겨 있기 때문이다. 놀이를 통해 얻을 수 있는 이익은 무척 많지만 다음과 같이 네 가지만 간략히 소개해보고자 한다.

첫째 놀이는 아이들의 창의력을 개발해준다. 요즈음 창의력이라는 단어가 들어가지 않은 학습지는 거의 없다. 그런데 그 창의력을 놀이가 길러준다. 예를 들어 연날리기 놀이를 생각해보자. 연날리기 놀이를 하려면 먼저 연을 만들어야 한다. 연 만드는 과정과 날리기 과정을 살펴보면 손 조작 능력과 과학적인 원리가 집약되었음을 알 수 있다. 요즈음 아이들에게 연을 만들라고 하면 못하겠다고 난리를 친다. 연을 날리는 방법도 몰라 연을 질질 끌고 다니는 아이들이 대부분이다. 다른 많은 놀이도 준비하거나 진행하는 과정에서 창의력이 놀랍게 발달한다. 이런 이유 때문에 '잘 노는 아이가 공부도 잘한다'라는 말이 생겼을 것이다.

둘째, 놀이는 아이들의 손 조작 능력을 개발해준다. 손은 인간의 뇌신경이 가장 많이 분포되어 있는 부위 중 하나이다. 손 조작 활동을 많이 하면 뇌가 발달하기 마련이다. 그런데 놀지 않는 아이들은 손으로 하는 많은 조작이 미숙하다. 예를 들면 6학년인데도 운동화 끈을 묶지 못하는 아이가 있는가 하면, 4학년인데도 풍선을 불지 못하는 아이가 있다. 5학년 실과 실습 시간에 바느질을 하려고 실을 바늘에 꿰라고 하면, 실을 꼿꼿이 세우고 바늘을 위에서부터 내려서 실을 꿰는 아이들을 흔히 볼 수 있다. 칼질을 하라고 하면 칼등으로 하면서 칼질이 안 된다고 하는 아이들이 많다. 좀 우스워 보이는 이런 풍경이 왜 벌어지는 것일까? 손 조작 능력이 떨어지기 때문이다. 손 조작 능력을 길러주려면 다양한 놀이가 필수이다. '놀면 머리가 좋아진다'라는 말이 이런 면에서 일리가 있는 것이다.

셋째, 놀이는 좋은 사회인으로 자라게 하는 초석이 된다. 좋은 사회인이란 그 사회의 정해진 규칙을 잘 지키는 사람이나 이른바 바람직한 민주시민이다. 그런데 놀이가 바로 민주시민을 양성할 수 있다는 것이다. 왜냐하면 모든 놀이에는 꼭 지켜야 하는 규칙이 있다. 이 규칙은 규제의 차원보다는 놀이의 재미를 배가하기 위한 목적이 더 강하다. 또한 이 규칙은 누가 정해준 것이 아니라 또래들끼리 합의해서 정한 것들이 대부분이다. 그런데 한번 정한 규칙은 반드시 지켜가려고 하며 누구든 감히 그 규칙을 깨지 못한다. 아이들은 놀이를 하면서 이런 규칙의 소중함을 배운다. 이런 것들이 몸에 배면 나중에 성인이 되었을 때도 마땅히 지켜야 할 법과 질서를 잘 지키게 된다. 따라서 놀이는 도덕 시간에는 배울 수 없는 잠재적인 교육 과정인 것이다.

넷째, 놀이는 결과보다는 과정을 중시한다. 아이들에게 놀이는 승자와 패자 모두 다 즐거운 경우가 대부분이다. 어른들 시각으로 보면 '져서 속상하겠다' 고 생각하지만 아이들은 놀이에서 지더라도 괜찮다고 한다. 왜냐하면 아이들은 놀이를 하는 목적이 이기기 위해서가 아니라 친구와 재미있는 시간을 보내는 것임을 알기 때문이다. 이런 놀이는 경쟁심으로 똘똘 뭉친 요즘 아이들에게 꼭 필요한 가르침이다.

다섯째, 놀이는 아이들의 균형 잡힌 신체 발달을 돕는다. 대부분의 놀이는 끊임없는 신체의 움직임을 요구한다. 놀이를 통해 아이들의 대근육, 소근육이 발달될 뿐 아니라 평형감각, 공간지각능력, 순발력 등이 향상된다. 요즈음 아이들 특히 남자아이들은 비만이 좀 심각한데 그 원인은 신체 발달을 돕는 놀이를 충분히 하지 않기 때문이다.

놀이의 기능을 가볍게 보지 말아야 한다. 충분한 놀이를 통해 정서적으로 만족한 아이들은 나중에 사회 생활과 가정 생활도 원만하게 할 수 있다. 하지만 놀지 못하고 항상 현실에 찌들어 있는 아이들은 정서적인 면을 채우지 못했기 때문에 공격적이고 건강하지 못한 사회인으로 자랄 수 있다.

부모들이여! 자신의 어린 시절을 돌이켜보라. 무엇이 기억에 남는가? 해 지는 줄도 모르고 친구들과 놀다가 엄마에게 꾸중 듣던 일이 생각나지 않는가? 어른이 된 지금 그 기억이 자신에게 열심히 일할 수 있는 밑거름과 에너지가 되었다는 생각이 들지 않는가? 그렇게 생각한다면 오늘 자녀들에게 '학원 가라, 공부하라'는 말 대신에 '좀 놀다 와라'는 말을 해야 하지 않을까?

생각해보고 꼭 적어봅시다!

1. 내가 어렸을 때 주로 했던 놀이 이름을 적어보자. 그리고 그 놀이 가운데 내 자녀는 지금 몇 가지나 할 줄 아는지 알아보자.

_____

_____

_____

_____

2. 어려서부터 친구와 어울려 놀 줄 모르는 아이는 고학년이 되면 자연스럽게 컴퓨터 게임 등에 빠지게 된다. 특히 남자아이들은 더욱 그렇다. 나중에 게임 좀 그만하라고 잔소리하기보다는 어려서부터 친구들과 어울려 놀게 해주자.

3. 노는 것은 아이들의 특권이다. 어른에게 아무리 딱지치기하며 놀라고 해도 못 논다. 재미가 없기 때문이다. 하지만 아이들은 하루 종일이라도 딱지치기를 하고 논다. 이 과정을 통해 아이는 운동 능력뿐만 아니라 의사소통 능력, 대화와 타협, 대인 관계 기술 등을 익히게 된다. 사자 새끼들은 자기들끼리 끊임없이 물어뜯기 놀이를 하면서 논다. 만약 사자 새끼들의 이런 모습이 보기 싫어서 따로 떼어놓으면 어른 사자가 되어서도 사냥을 할 줄 몰라 죽는다고 한다. 아이들도 마찬가지다. 어렸을 때 놀지 못한 아이들은 현실 적응력과 문제 해결력 등이 떨어져 자기의 능력을 충분히 발휘하지 못할 수 있다. 나는 놀이의 중요성에 대해 어느 정도 알고 있는가?

4. 내 자녀의 생활 속에 놀이가 있는가? 혹시 놀 시간이 너무 없는 것은 아닐까? 놀지 못하고 자란 아이는 자칫 바보 같은 아이가 될 수 있다. 자녀의 삶을 살펴보고 놀 수 있는 기회와 시간을 충분히 주어라. 아이들에게는 노는 것이 공부다.

좋은 부모 되기 위한 오늘의 선포

어린아이의 특권인 놀이를 부모 맘대로 빼앗지 않을 것이다!

▤ 하루 중 가장 좋은 기회를 잡아서 자녀에게 반드시 속삭여주거나 문자로 보내자.

공부하느라 얼마나 고생이 많니! 좀 놀다 오거라.
공부도 잘해야 하지만 놀기도 잘해야 인생이 행복한 거란다.

✎ 구체적으로 적어보고 머릿속으로 1분 동안 그려보자.

자녀가 친구들과 재미있게 노는 모습 상상하기

✔ 물 한 방울은 미약하지만 바위를 뚫는다. 나의 작은 실천이 모여 내 자녀의 인생을 뚫을 것이다.

자녀와 1시간 놀아주기
엄마, 아빠가 어렸을 때 하고 놀았던 가장 재미있는 놀이 가르쳐주고 같이 해보기

♛ 인생은 말한 대로 이루어진다. 가슴을 펴고 당당하게 외쳐보자.
　내가 좋은 부모가 되겠다고 선포하면 나는 이미 좋은 부모가 된 것이다.

나는 좋은 부모이다. 내 자녀는 행복하고 성공하는 인생을 살 것이다.
놀이의 재미를 아는 너의 인생은 항상 흥미로 가득할 것이다.

자녀를 존경받는 부자로 키워라

  몇 년 전부터 불기 시작한 재테크 열풍은 가히 광풍이라 할 만하다. 서점에 가보아도 재테크와 관련한 책들이 불티나게 팔려 나가고 있고 각종 재테크 관련 강연회도 홍수를 이룬다. 그만큼 사람들의 관심이 돈에 쏠려 있다는 증거이기도 하다. 이러한 영향을 받아서인지 요즈음은 아이들도 돈을 무척 좋아하고 밝힌다. 그림을 그리라고 하면 돈을 그리는 아이들도 심심찮게 보이고 친구가 몇 평 아파트에 살고 무슨 차를 타고 다니느냐가 관심의 대상이 된 지 오래이다. 어른 아이 할 것 없이 돈이 좋고 돈에 관심이 많다.

  그런데 이렇게 돈을 좋아하면서도 우리나라만큼 부자들에 대해 부정적인 나라도 드물다. 우리나라는 본인은 부자가 되고 싶어하면서도 부자들을 경멸하고 싫어하는 경향이 심하다. 이렇게 된 원인은 잘 따져보아야 하겠지만 부자들에게 다분히 책임이 있다. 왜냐하면 부자들이 부자로서 권리만 누렸지 마땅히 행해야 할 책임은 회피한 결과이기 때문이다. 자기만 잘 먹고 잘살 줄 알았지 어려운 사람을 돌아보지 않았다는 것이다. 즉 '노블리스 오블리주' 를 하지 않은 결과라 할 수 있다.

미국이라는 나라가 초강대국이 될 수 있는 밑바탕에는 바로 철저한 노블리스 오블리주 정신이 깔려 있기 때문이다. 미국은 부자들이 돈자랑을 많이 하는 나라이다. 상상을 초월하는 초호화판 집에 전용기를 타고 다니는 것은 예사이다. 그러나 미국 부자들의 돈자랑은 여기가 끝이 아니다. 사치스러운 생활, 즉 자기가 잘 먹고 잘 사는 데도 엄청난 돈을 퍼부으며 돈자랑을 하지만 그 이상으로 남을 돕는 데도 상상을 초월하는 돈을 기부하는 것이다. 예를 들면 세계에서 가장 큰 부자라는 빌 게이츠는 매년 우리 돈으로 약 2조 원에 해당하는 돈을 기부한다. 그리고 그가 이제까지 기부한 총액은 약 30조 원에 이른다. 부자 순위 2위인 워렌 버핏은 어떤가? 자산의 85%에 해당하는 40조 원 가까운 돈을 기부해서 세간의 화제가 되기도 했다. 사정이 이렇다 보니 미국 사람들은 우리처럼 부자들을 경멸하거나 비웃지 못한다. 왜냐하면 그들이 행하는 노블리스 오블리주 때문에 누리는 혜택이 많기 때문이다. 부자를 어쩔 수 없이 존경할 수밖에 없는 것이다.

필자는 우리 아이들 중에서 세계적인 갑부가 많이 나오길 바라마지 않는다. 자기만 잘 먹고 잘사는 부자가 아니라 남들로부터 존경받는 거부들이 많이 나오기를 소원한다. 얼마나 멋있는가? 자기도 풍요롭고 멋지게 살면서 남도 도와주는 그런 삶이 멋있지 않은가? 하지만 이렇게 남들로부터 존경받는 부자를 만들려면 어렸을 때부터 바른 가치관을 심어주어야 한다. 그래야 나중에 사람들로부터 존경받는 부자가 될 수 있다. 그렇지 않으면 끝없이 탐욕스러운 부자가 되어서 남에게 손가락질이나 받을 것이다.

존경받는 부자가 되게 하려면 첫째로 돈의 소중함부터 가르쳐야 한다. 부자일수록 10원도 금쪽같이 여기고 아끼는 것을 볼 수 있다. 돈 벌기가 얼마나 힘든 것인지를 어렸을 때부터 가르칠 필요가 있다. 아이들 수준에서 이것을 가르칠 수 있는 가장 손쉬운 방법이 용돈이다. 요즈음 부모들은 대부분 용돈을 주는데 많은 부모가 용돈을 그냥 준다는 것이 문제이다. 용돈은 아이가 돈을 버는 경제적 활동이다. 때문에 용돈을 아무 조건 없이 주는 것은 자칫 아이가 돈을 아주 쉽게 생각하게 하거나 낭비벽만 선물해줄 수 있다. 이럴 바에야 차라리 안 주는 것이 훨씬 나을지도 모른다. 용돈을 주되 용돈을 받기 위해서 꼭 해야 할 일을 정해주는 것이 바람직하다. 용돈 기입장은 물론 당연히 적어야 하고 일정 부분 집안일을 맡길 수도 있을 것이다. 이런 일들을 제대로 하지 않았을 경우에는 용돈을 깎는다든지 아니면 지급일을 늦춰야 한다. 이런 과정을 거쳐서 어렵게 용돈을 타버릇 해야 돈의 소중함을 배울 수 있다.

둘째, 돈이 우선이 아니라 사람이 우선임을 항상 명심해야 한다. 우리말에 '사람 나고 돈 났다'라는 말이 있다. 맞는 말이다. 사람이 먼저이고 돈은 부수적인 것이다. 그런데 요즈음 어린이를 위한 경제 교육을 보면 매우 걱정스럽다. 돈에 대한 바른 가치관을 심어주기보다는 자꾸 돈 버는 기술을 가르치는 것 같기 때문이다. 바른 금융교육은 꼭 필요하지만 어릴 때부터 돈 버는 기술을 가르쳐준다면 일찍부터 돈의 노예가 될 수도 있다.

셋째로 우리가 돈을 버는 최종 목표는 남을 도와주기 위한 것임을 알게 한다. 우리는 한국의 부자들은 왜 미국의 부자들처럼 기부를 하지 않느냐고 비난하지만 미국은 부자들뿐만 아니라 일반 사람들도 기부를 많이 한다. 돈을 벌어서 자기만을 위해 쓰는 것만큼 덧없는 것도 없다. 남을 위해 돈을 쓸 줄 알아야 한다. 자녀들에게 어렸을 때부터 이런 가치관을 심어줘야 한다. 그리고 실제로 자기 용돈에서 100원씩이라도 남을 돕는 데 사용하게 가르쳐야 한다. 이렇게 훈련받은 아이들이야말로 나중에 어른이 되었을 때도 남을 위해 돈을 쓸 줄 아는 존경 받는 부자가 될 것이다.

어찌 보면 부자는 운때가 잘 맞으면 누구나 될 수 있을지도 모른다. 그러나 존경받는 부자는 절대 아무나 될 수 없다. 어렸을 때부터 존경받을 수 있는 부자 마인드를 키워주어야 한다. 당신의 자녀가 부자가 될 수 있다고 믿고 지금부터라도 존경받는 부자가 되도록 가르치자.

생각해보고 꼭 적어봅시다!

1. 자녀에게 용돈을 주는가? 어떤 방식으로 주는가?

_____

_____

_____

_____

_____

2. 용돈을 준다면 다음 원칙들을 지키려고 노력하라.

　①용돈 기입장을 반드시 적게 하라. 용돈 기입장의 일정한 양식은 부
　모가 제시해주고 그것에 맞춰 자녀가 적게 하는 것이 좋다.

　②용돈 주는 날짜를 어기지 말라. 만약 월급 날짜가 하루이틀 늦춰
　진다고 생각해보라. 아마 그 회사에 대한 신뢰도가 급추락할 것
　이다. 마찬가지로 번번이 용돈 주는 날짜를 놓치다보면 부모의
　신뢰성에 금이 갈 수 있다.

　③용돈을 절대 공짜로 주지 말라. 용돈을 받기 위해 꼭 해야 할 일
　을 2~3가지 반드시 정하라. 이것을 이행하지 않았을 경우 용돈
　을 줄이거나 늦춰서 주어라.

　④용돈의 일부를 반드시 남을 위해 사용하게 하라. 용돈이 1만 원
　이라면 100원도 좋다. 반드시 어려서부터 수입의 일부를 남을

위해 사용하는 습관을 들여주어라. 1만 원 중에 100원을 남을 위해 사용하지 못하는 사람은 1천만 원을 벌어도 남을 위해 10만 원을 절대 내놓지 못한다. 남을 위해 돈을 쓰는 습관을 들이는 것이 존경받는 부자가 되는 지름길이다.

⑤가급적 많은 부분을 용돈으로 해결하게 하라. 군것질 같은 것은 말할 것도 없고 휴대폰 요금 같은 것도 말이다. 그러면 스스로 휴대폰 사용을 절제할 것이다.

⑥정기적으로 주는 용돈 외에 평소에 칭찬하고 싶은 것이 있을 때 약간의 돈으로 주는 것도 긍정적이다. 어른들도 보너스를 좋아하듯이 아이들도 이런 경우를 보너스로 여길 수 있다. 하지만 빈도수가 너무 잦으면 곤란하며 아이가 먼저 심부름의 대가로 돈을 요구할 경우에는 가급적 주지 않는 것이 좋다. 생각지 못할 때 주는 것이 효과적이다.

⑦용돈을 주기 전에 원칙을 세우고 원칙을 반드시 지키는 것이 좋다. 예를 들어 가불은 절대 안 된다고 했다면 가불은 해주지 않는 것이 좋다.

⑧용돈을 주는 시기는 자녀의 특성에 맞게 조절해야 한다. 자녀가 조절 능력이 뛰어나면 월급이 좋겠지만 조절 능력이 부족하다면 주급이 바람직할 것이다. 나이가 어릴수록 용돈 주는 주기가 짧은 것이 바람직하다.

3. 내 자녀에게 용돈을 어떻게 주고 용돈 관리를 어떻게 시킬 것인지에 대해 생각해보고 적어보라.

가장 한국적인 것이 가장 세계적인 것이다

현대 사회는 점점 빨리 글로벌화되고 있다. 너나없이 세계화 국제화를 이야기하고 그것을 준비해야 한다고 아우성치고 있다. 교육에서도 마찬가지이다. 하지만 세계화·국제화 교육이라는 미명 아래 우리의 전통은 헌신짝처럼 내팽개쳐지고 있다. 세계화를 위해 우리는 국어보다 영어를 더욱 중요하게 여기고 있으며 우리의 문화보다는 외래 문화를 선진문화인 양 착각하며 맹목적으로 받아들이고 있다.

하지만 이런 것들이 진정한 세계화는 될 수 없다. 예를 들어 우리가 아무리 이탈리아의 성악을 잘하려 해도 이탈리아 사람들보다 잘할 수 없고 반대로 이탈리아 사람들이 우리의 판소리를 아무리 잘하려 해도 우리만큼 잘할 수 없다. 우리가 성악을 아무리 잘한다 해도 세계 무대에 서면 좀처럼 인정해주지 않는다. 왜냐하면 원래 우리 것이 아니기 때문이다. 하지만 우리 것을 우리가 하면 세계에서도 인정받을 수 있다. 그 좋은 예가 김덕수 사물놀이패를 예로 들 수 있다. 가장 한국적인 것이 세계적일 수 있는 예이다. 진정한 세계화 교육을 위해서는 다른 나라의 오만 가지 것을 배우는 것보다 우리의 것을 찾아서 제대로 하나라도 익히는 것이 지름길일 것이다.

이런 견지에서 필자는 자녀 교육에서 한국적인 것을 가르치기를 권장한다. 우리 자녀들은 분명 지금보다 훨씬 더 세계화된 세상에서 살 것이다. 하지만 세계화된 세상에서 산다고 우리의 정체성까지 없어지는 것은 아니다. 우리는 어디를 가도 대한민국 사람이다. 이 정체성을 잃지 않고 세계화된 세계 속에서 경쟁력을 가진 자로 살아가기 위해서는 우리의 것을 한 가지 확실히 할 줄 아는 것이 중요하다.

한때 IOC부위원장까지 지낸 김운용 씨는 태권도를 세계에 알리고 올림픽 정식 종목으로 채택하게 하는 데 누구보다도 공이 크다는 것은 자타가 인정하는 사실이다. 이 김운용 씨가 국제 사회에서 성공할 수 있었던 요인을 보면 참 재미있다. 김운용 씨가 미국에 살면서 유명 인사들을 집에 초대해서 꼭 두 가지를 선보였다고 한다. 초대된 사람들에게 김운용 씨는 피아노로 멋지게 곡을 연주했다고 한다. 그러면 초대된 사람들은 동양인 남자가 피아노를 잘 치는 것을 보고 놀라워했다고 한다. 하지만 결정적으로 놀라는 것이 있는데 김운용 씨가 보여주는 태권도 시범이었다고 한다. 그들에게 태권도는 그때까지만 해도 생소한 것이었다. 현란한 발차기와 격파 등을 보면서 그들은 아마 태권도와 김운용이라는 사람에게 매료되었을 것이다. 이런 과정을 거치면서 김운용 씨는 자기의 입지를 넓혀갔고 국제 사회에서 점점 명성을 얻게 되어 IOC 부위원장직까지 할 수 있었다고 한다.

김운용 씨의 예를 봐서도 알 수 있듯이 우리 것을 한 가지 잘한다는 것은 그 사람에게 굉장한 경쟁력이다. 그것은 국내에서보다 외국에서 더욱 인정받고 빛을 발한다. 음악을 하는 사람들이 외국으로 유학을 많이 간다. 예를 들어 바이올린을 배우러 유학을 가면 현지 교수들은 유학생의 바이올린 실력에는 별로 감동을 받지 않는다고 한다. 왜냐하면 워낙 잘하는 사람들이 많기 때문에 어지간히 잘하지 않으면 눈길 한 번 제대로 주지 않는 것이다. 그런데 그 유학생에게 우리 음악을 좀 해보라고 했을 때 아리랑이라도 제대로 부르면 감동을 받는다고 한다. 그런데 유학생들이 우리 음악을 전혀 모르는 경우 무시를 당한다고 한다. 자기네 것은 하나도 모르면서 남의 것만 열심히 배우려고 하는 우리의 모습이 그들 눈에는 이상하고 우습게 보이는 것이다.

우리 자녀들에게 우리 것을 배울 수 있는 기회를 주어야 한다. 우리 아이들이 살아갈 세상이 세계화된 세상이기에 그러하고 우리 것을 확실히 하는 것이 외국의 것을 어쭙잖게 배우는 것보다 훨씬 더 경쟁력이 있는 것이다. 그리고 더 행복할 수 있다. 필자는 이런 생각 때문에 아이들에게 장구를 가르친다. 2학년 아이들에게 장구를 가르치면서 한 번은 이런 질문을 해보았다. "얘들아, 바이올린하고 장구하고 어느 것이 더 재미있니?" 물론 이 질문은 어찌 보면 우매한 질문이다. 바이올린은 현악기이고 장구는 타악기인데 단순 비교할 수 없다는 것은 잘 알고 있다. 그래도 둘 다 악기이니 배우는 것이 힘든 것은 마찬가지이다. 아이들 입에서 어떤 대답이 나오는지 궁금해서 물어보았는데 아이들 입에서 다음과 같은 말이 나왔다. 한 아이가 "장구가 바이올린보다 열 배는 재미있어요"라고 대답하는 것이었다. 그런데 그 옆에 있던 아이가 하는 말이 더 걸작이었다. "열 배가 뭐냐? 나는 천 배 만 배는 더 재미있던데…." 이때 필자는 알았다. 이것이 바로 우리 것의 힘이구나 하는 것을 말이다. 바이올린 몇 년 배우면 과정은 힘들지만 티도 안 난다. 하지만 우리 것인 장구를 배우면 과정도 신명 나지만 잘 칠 수도 있다. 장구가 더 쉬워서가 아니라 우리 것이기 때문에 잘할 수 있는 것이다. 우리 핏속에 우리 것이 흐르기 때문이다.

기억하자. 가장 한국적인 것이 가장 세계적일 수 있다는 사실을 말이다.

생각해보고 꼭 적어봅시다!

1. 자녀에게 우리 것을 가르치지 않는 것은 마땅히 배울 곳이 없거나 우리 속에 있는 사대 의식 때문일 수도 있다. 혹시 내 안에 우리 것은 저급하고 남의 것은 더 멋있어 보이는 사대 의식이 있는 것은 아닌지 생각해보자.

_____

_____

2. 가장 한국적인 것이 가장 세계적일 수 있다는 말에 대해 어떻게 생각하는가? 또 우리의 것을 배우는 것이 더 경쟁력 있다는 데 대해 어떻게 생각하는가?

3. 나의 자녀에게 우리의 것을 배울 수 있는 기회를 주는 것이 아이의 미래를 위해 좋다고 생각한다. 우리의 악기가 될 수도 있고 우리의 그림이나 우리의 무용이 될 수도 있을 것이다. 내 자녀에게 가르치고 싶은 것을 정하고, 그것을 가르치기 위해 구체적으로 행동에 옮겨보자.

4. 아이들은 대부분 교양과 음악적 감성을 쌓기 위해 악기 연주법을 배운다. 그렇다면 꼭 서양 악기일 필요가 없지 않은가? 우리의 대

금이 음악적 감성을 더 많이 쌓아주고 경쟁력이 더 많을 수도 있다. 바이올린이 사람들 눈길을 사로잡는 것 이상으로 가야금 연주가 바이올린 연주보다 사람들의 시선을 더 사로잡을 수도 있다. 내 자녀의 행복과 경쟁력을 위해 한번 고민해보자.

나는
좋은 아빠인가

아빠는 아이에게 산소 같은 존재다

산소는 우리에게 꼭 필요한 것이다. 하지만 눈에 보이지 않고 냄새도 없어서 우리는 그 존재감을 거의 느끼지 못하고 살아간다. 하지만 없으면 그 존재가 얼마나 중요하고 소중한 것인지를 알게 된다. 아이들에게도 산소와 같이, 있을 때는 잘 모르지만 없을 때는 그 존재감이나 중요성이 드러나는 존재가 아빠이다.

아빠의 존재가 얼마나 중요한지는 각종 통계자료 몇 가지만 살펴보아도 금세 알 수 있다. 감옥에서 자주 강의를 하는 어떤 강사가 죄수들 중에 아버지에 대한 존경심이나 애정을 가진 사람을 보지 못했다고 하는 말을 들은 적이 있다. 청소년 교도소에 수감된 70% 이상의 청소년들은 아버지가 없는 집안에서 자랐으며, 정신 병원에 입원한 청소년들 중 약 80%가 아버지가 없는 가정에서 자랐다고 한다.

이러한 많은 통계는 무엇을 말하는가? 아빠의 부재가 얼마만큼 심각한 문제를 야기하는지에 대해서 말해주고 있는 것이다. 아빠가 제자리에 있을 때는 아빠의 존재가 엄마보다 중요하지 않고 아이들에게도 아빠보다 엄마가 훨씬 더 필요한 듯한데, 막상 아빠가 그 자리에 없으면 이처럼 엄청난 일들이 벌어지는 것이다. 마치 산소가 없을 때처럼 말이다.

학교 현장에서도 아빠가 없는 아이들이나 아빠가 있어도 거의 유명무실한 아이들에게서는 몇 가지 문제점을 발견할 수 있다.

첫째 아빠가 없는 아이들은 소극적이라는 것이다. 물론 아빠가 없는 아이들이 모두 그렇다는 것이 아니라 그런 경향이 있다는 것이다. 아빠가 없는 아이들의 문제는 아무래도 집에서 엄마와 보내는 시간이 많다 보니 빚어진 것 같다. 여자인 엄마는 남자인 아빠보다 정적이고 수동적이기 때문에 아이에게도 비슷한 행동을 강요한다. 아이들과 자전거를 타거나 공놀이를 하기보다는 요리하기나 독서와 같은 정적인 활동이 육아의 많은 부분을 차지하는 것이다. 이러한 것들이 쌓이면 아이의 성격 형성에도 영향을 주어 정적이고 소극적인 아이가 되기 쉽다.

둘째는 아빠가 없는 아이들은 자아 형성이 어렵다는 것이다. 자아란 자기 자신에 대해서 갖는 생각이다. 따라서 자아에 따라 어떤 일을 선택하거나 결정한다. 또한 자아는 자신감과 자신에 대한 신뢰감, 사교성, 두려움에 대응하는 태도 등을 결정하기도 한다. 갓난아기였을 때부터 자아를 가지는 사람은 없다. 자아는 자라면서 형성되는데 대개 초등학교 때까지 형성된 자아를 평생 가지고 간다.

이 자아 형성에 가장 영향을 주는 사람이 가족이고 그중에서도 아빠이다. 엄마에게서는 정서적인 부분의 영향을 받아서 자아를 형성한다면 아빠에게서는 대인 관계, 직업관, 자립심 등의 자아를 형성하는 데 영향을 받는다. 아빠가 없는 아이들은 아빠에게 받는 영향이 없거나 아빠에 대해 부정적이기 때문에 건강한 자아개념 형성이 어려울 수 있다. 그래서 성격적으로 결함이 생겨 교우 관계에서 문제를 야기하고 부정적인 성격이 형성되기 쉽다.

셋째는 아빠가 없으면 왜곡된 성 개념을 형성시킨다는 것이다. 아이들 중에 지나치게 신체적 접촉을 꺼리는 아이들이 있다. 물론 아이들 대부분이 이성 간의 신체적인 접촉을 수줍어한다. 이성 간의 신체적 접촉에서 적당히 수줍어하는 것은 아이다움의 상징이기도 하다. 하지만 어떤 아이들은 지나치게 싫어하거나 터부시한다. 이런 아이들 중에 아빠가 없는 아이들이 많다.

엄마 아빠가 정상적인 부부 관계인 가정에서 자라는 자녀들은 엄마 아빠가 신체적 접촉을 하는 모습을 자주 볼 수 있다. 이런 아이들은 남녀가 서로 안아주고 쓰다듬는 모습을 자연스럽게 받아들일 것이다.

하지만 아빠가 없는 가정에서는 아무래도 엄마 아빠가 신체를 접촉하는 모습을 볼 수 없기 때문에, 왠지 남녀 신체 접촉을 굉장히 이상하고 못할짓으로 여기기 쉽다. 학교에서 이런 아이들에게 남녀 짝 활동을 시키면 애를 많이 먹는다.

이렇게 많은 문제점이 있는데도 현실의 아빠들은 문제의 심각성을 제대로 인식하지 못하는 것 같다. 모두 한결같이 바쁘다는 핑계로 말이다. 요즈음 바쁘지 않은 사람이 있는가? 우선순위의 문제이다.

당신의 우선순위에서 자녀와 놀아주는 것은 몇 위를 차지하는가? 또한 자녀의 학업을 돌봐주는 것은 어디쯤에 자리하는가? 혹시 자신의 일이 아니라고 우선순위에서 아예 빼버리고 사는 것은 아닌가?

오늘 하지 못한 회사일은 미루었다 내일 해도 된다. 하지만 자녀와 놀아주고 양육하는 일에는 내일이 없다. 내일이면 이미 우리 아이들이 어른이 되어 있을 것이다. 그리고 자녀들에게는 이런 소리를 들을지도 모른다. "아빠는 내가 놀아달라고 할 때 항상 바쁘다고 했잖아요." "나는 아빠에게 인생의 중요한 것은 하나도 배우지 못했어요."

아빠들이여! 꼭 기억하자. 당신은 자녀에게 산소 같은 존재라는 사실을 말이다.

생각해보고 꼭 적어봅시다!

1. 바쁘다는 핑계로 자녀와 시간 보내기가 어렵다고 말하는 세상의 많은 아빠가 꼭 읽어야 할 노래를 한 곡 들려주겠다.

   다음 노래는 1974년 해리 채핀Harry Chapin과 샌디 채핀Sandy Chapin이라는 가수가 부른 '요람 속의 고양이Cat's in the cradle' 라는 노래이다.

   어느 날 내게 한 아이가 태어났네.
   그 아이는 다른 사람들과 똑같은 방법으로 세상에 왔지만 나는 숱한 출장을 다녔고, 지불해야 할 계산서가 있었네.
아이는 내가 집을 떠나 있을 때 걸음마를 배웠고
또 내가 미처 알기도 전에 말도 배웠네.
아이는 자라면서 늘 내게 말했지.
"아빠! 나는 이다음에 크면 아빠 같은 사람이 될래요. 아시겠죠?
난 꼭 아빠 같은 사람이 될 거예요."

요람 속에 고양이가 있고,
달빛 속에 은수저와 우울한 소년과 한 남자가 있네.
"아빠! 언제 집에 오실 거예요?"
"글쎄, 바빠서 잘 모르겠구나.
하지만 아빠가 시간이 나면 그때 놀자꾸나.
그때 우리는 즐겁게 놀 수 있을 거야."

어느 날, 열 살이 된 아들이 말했네.
"아빠, 공을 사 주셔서 고마워요. 오늘은 저랑 함께 놀아주실 거죠?
공 던지는 법도 가르쳐주시고 말이에요."
내가 대답했지.
"애야, 오늘은 안 된단다. 오늘은 할 일이 너무너무 많거든."
그러자 아들은 알았다며 혼자 공을 들고 밖으로 나갔네.
그렇다고 아들의 얼굴에서 미소가 사라진 것은 아니었지.
아들은 계속해서 말했네.
"나는 이다음에 크면 아빠 같은 사람이 될 거야."

요람 속에 고양이가 있고,
달빛 속에 은수저와 우울한 소년과 한 남자가 있네.

"아빠! 언제 집에 오실 거예요?"
"글쎄, 바빠서 잘 모르겠구나.
하지만 아빠가 시간이 나면 그때 놀자꾸나.
그때 우리는 즐겁게 놀 수 있을 거야."

세월이 흘러 어느덧 아들은 대학생이 되었네.
너무나 어른스러워져서 내가 먼저 아들에게 말을 걸었지.
"아들아! 네가 정말 자랑스럽구나. 이리 와서 내 곁에 앉아보렴."
아들이 머리를 저으면서 미소 띤 얼굴로 말했지.
"아빠! 제게 지금 필요한 것은 아빠 자동차 열쇠랍니다.
물론 빌려주시겠죠? 그럼 나중에 봬요."
요람 속에 고양이가 있고,
달빛 속에 은수저와 우울한 소년과 한 남자가 있네.
"아들아! 언제 집에 올 거니?"
"글쎄요, 아버지 바빠서 잘 모르겠어요.
그러나 제가 한가해지면 그때 함께 지내도록 해요. 아셨죠?
그때 우리는 즐거운 시간을 함께 보낼 수 있을 거예요."

그 후, 더 많은 세월이 흘렀네.
나는 은퇴하여 집에 있은 지 오래되었고, 아들은 먼 곳으로 이사를 갔지.
어느 날, 나는 아들이 너무나 보고 싶어서 아들에게 전화를 걸었네.
"아들아! 너만 괜찮다면 널 한번 보고 싶구나!"
아들이 대답했네.
"아버님! 저도 아버님을 무척 뵙고 싶습니다.
그런데 통 시간이 나질 않습니다.
아버님도 알다시피, 요즈음은 세상 살기가 너무나 힘들고 바쁘답니다.

게다가 지금 제 아이들이 심한 감기에 걸렸습니다.
아무래도 아버님께서 양해해주시는 것이 좋겠습니다.
아버님! 죄송하지만 이해해주십시오."
수화기를 내려놓는 순간 불현듯 생각나는 것이 있었네.
"아빠! 나는 이다음에 크면 아빠 같은 사람이 될래요. 아시겠죠?
난 꼭 아빠 같은 사람이 될 거예요."
그 아이는 꼭 나 같은 사람이 되어 있었네.
내 아들은 나와 똑같은 사람이 되어 있었네.

요람 속에 고양이가 있고,
달빛 속에 은수저와 우울한 소년과 한 남자가 있네.
"아들아! 언제 집에 올 거니?"
"글쎄요, 아버지 바빠서 잘 모르겠어요.
그러나 제가 한가해지면 그때 함께 지내도록 해요. 아셨죠?
그때 우리는 즐거운 시간을 함께 보낼 수 있을 거예요."

"Cat's in the cradle" by Harry Chapin and Sandy Chapin, copyright 1974 Story Songs Ltd.

2. 다음은 우리나라 아버지 학교의 효시라고 할 수 있는 두란노 아버
  지 학교에서 사용하는 아버지 십계명이다. 읽고 마음을 다시 한 번
  다짐해보자.

  ① 아버지의 가치관을 가르쳐준다.

  ② 자녀를 하루에 한 번 이상 안아주고, 사랑한다고 고백한다.

  ③ 자녀와 한 약속은 반드시 지킨다.

  ④ 아내와 행복한 모습을 보여준다.

⑤ 자녀를 칭찬하고 격려하며 축복한다.

⑥ 자녀와 함께 시간을 보낸다.

⑦ 성숙한 신앙인의 모범을 보여준다.

⑧ 가정의 비전을 함께 나눈다.

⑨ 부모님과 노인을 공경하는 모습을 보여준다.

⑩ 공중도덕을 잘 지킨다.

좋은 부모 되기 위한 오늘의 선포

늘 함께하는 아빠가 될 것이다!

▤ 하루 중 가장 좋은 기회를 잡아서 자녀에게 반드시 속삭여주거나 문자로 보내자.

사랑하는 딸아! 너는 아빠의 기쁨이고 자랑이란다.

자랑스러운 아들아! 너는 우리 가문의 보배란다.

✎ 구체적으로 적어보고 머릿속으로 1분 동안 그려보자.

당신의 자녀가 미래에 좋은 아빠가 되어 있는 모습 상상해보기

✐ 물 한 방울은 미약하지만 바위를 뚫는다. 나의 작은 실천이 모여 내 자녀의 인생을 뚫을 것이다.

자녀와 같이 산책하면서 부부가 손 잡고 걷기

자녀가 보는 앞에서 다정하게 안아주는 모습 보여주기

♛ 인생은 말한 대로 이루어진다. 가슴을 펴고 당당하게 외쳐보자.
내가 좋은 부모가 되겠다고 선포하면 나는 이미 좋은 부모가 된 것이다.

나는 좋은 부모이다. 내 자녀는 행복하고 성공하는 인생을 살 것이다.

아이들은 나를 존경할 것이다.

아빠의 책임은 가정 경제가 아니라 가정 경영이다

우리 사회는 언젠가부터 아빠가 가정에서 자리를 잃어가고 있다. 예전에는 그나마 아빠의 권위가 있었지만 지금의 현실은 좀 참담하다. 가정 경제권이나 자녀 양육과 같은 중요한 권한은 엄마가 쥐고 있다. 아빠들 중에는 가정에 월급을 가져다주고 자기 용돈이나 받아 쓰면서 자녀 양육에는 관심이 없거나 아내에게 권한을 떠넘긴 사람들이 많다. 현실이 이런데도 가족들을 먹여 살린다고 큰 소리 치는 아빠들이 많다.

그러나 이런 아빠들에게 묻고 싶다. 정말 아빠의 책임이 가정에 월급이나 가져다주는 것인지를 말이다. 그렇지 않다. 아빠는 가정 경제를 책임지는 것을 넘어 가정 경영을 해야 한다. 가족들이 굶지 않게 돈을 벌어다 주었으니 내 할 일 다했다는 가정 경제론적 사고에서 벗어나 이제는 한 가정을 책임지고 경영해야 하는 가정 경영론적인 사고가 필요하다. 가장이 가정 경영론적 사고를 해야만 가정이 살아남고 경쟁력을 갖출 것이다. 가장인 아빠가 가정 경영론적인 사고를 하지 않고 계속 가족 경제론적인 사고만 고집한다면 그 가정의 미래는 아무도 보장하지 못할 것이다.

현대는 변화의 시대이고 변하지 않는 것은 도태되기 마련이다. 어떤 대기업의 CEO는 '마누라만 놔두고 모두 바꿔라' 라는 말로 변화의 필요성을 피력하기도 했다. 그렇다. 이제 가장인 아빠들의 역할도 바꿔야 할 때가 되었다. 가정 경제는 이제 엄마들도 책임질 수 있는 시대가 되었다. 엄마들은 예전에는 하지 않던 가정 경제 관리에 일조하고 있는데, 아빠들은 여전히 과거의 습관에서 벗어나지 못하고 있다. 옛날에 하던 방식 그대로 직장에서 퇴근해 집에 오면 쉬려고만 해서는 안 된다. 이것은 시대에 뒤떨어진 행태일 뿐 아니라 자녀 교육에도 좋지 않다. 부부가 맞벌이를 한다면 집안일과 육아도 반반씩 부담해야 한다.

이러한 것들은 시대의 변화에 따른 최소한의 변화일 뿐이다. 가정 경영을 하는 아빠라면 여기에서 더 나아가 한 가정의 CEO다운 면모를 갖춰야 할 것이다. 한 가정의 CEO는 어떤 면모를 갖춰야 할까?

첫째, 가정의 CEO는 가정에 대한 큰 그림을 그릴 줄 알아야 한다. 어떤 회사든지 CEO가 꿈꾸는 만큼만 성장할 수 있다. 가정도 마찬가지이다. 닥치는 대로 하루하루를 살아가는 것이 아니라 뚜렷한 목표 의식을 가지고 나아가야 한다. 가정의 경제 문제, 자녀 문제 등에서 나름의 계획과 마스터 플랜을 가정의 CEO인 아빠가 가지고 있어야 하는 것이다.

둘째, 가정의 CEO는 책임 있는 자세가 무엇보다 필요하다. 회장과 회사원의 가장 큰 차이는 무엇인가? 책임감이다. 평소에는 잘 드러나지 않지만 회사가 위기에 처할 때 CEO는 끝까지 그 문제를 극복하고 해결하려고 하겠지만 회사원은 다른 회사를 기웃거릴 것이다. 가정의 CEO도 마찬가지이다. 가정에 대해 무한 책임 의식을 느껴야 한다. 이런 의식을 가진다면 자녀 교육을 아내에게만 전가하고 나 몰라라 하는 아빠들은 생기지 않을 것이다.

셋째, 가정의 CEO는 가족을 섬길 줄 알아야 한다. 회사의 미래에 대한 큰 그림을 그리고 그것을 이루기 위해 혼신의 노력과 책임을 다하는 CEO의 모습은 대단해 보인다. 하지만 그 과정에 섬김이 없다면 조직원들은 상처를 받기 마련이다. 조직원들에게 상처를 주지 않으려면 CEO는 철저한 섬김의 자세를 가져야 한다. 오죽하면 요즈음 리더십을 섬김의 리더십이라고 하겠는가? 가정에서도 마찬가지이다. 가정에 대한 비전을 갖고 책임을 갖는 것 위에 섬김의 도를 다하는 가정의 CEO가 되어야 한다. 섬김의 마음이 있는 아빠라면 퇴근하고 집에 와서 피곤하다고 아내를 하녀 부리듯 횡포를 부리지는 않을 것이다.

가정 경영자의 길은 결코 쉽지 않다. 하지만 쉽지 않기 때문에 도전해볼 만하고, 가정 경영자가 되어야만 자녀와 아내의 인정과 존경을 얻을 수 있다. 당신은 지금 집에 돈만 가져다주는 가정 경제인인가? 아니면 가정을 돌보고 책임지는 가정 경영인인가?

1. 아내가 주부라면 주부도 퇴근 시간이 있어야 한다고 생각하는가?
   만약 그렇게 생각한다면 주부가 퇴근 이후에는 남편이 퇴근 이후
   에 누리는 권리를 똑같이 누려도 된다고 생각하는가?

2. 우리 집이 맞벌이 가정이라면 집안일이나 육아를 똑같이 분담해
   야 한다고 생각하는가?
   ① 예
      그렇다면 지금 집안일이나 육아를 반반씩 분담하고 있는가? 객
      관적인 답변이었는지 배우자에게 물어보고 확인해보자.
   ② 아니요
      그렇다면 왜 집안일이나 육아를 아내가 많이 져야 한다고 생각
      하는가? 만약 궁색한 변명이라면 혹시 지금부터 바꾸어볼 생각
      은 없는가?

3. 나는 가정의 경제인인가, 아니면 가정의 경영인인가?
4. 내가 가정의 경영인이라면 다음 사항들을 잘하고 있는지 점검해
   보자.
   ① 내 가정에 대한 꿈을 가지고 있는가?

② 내 아이의 교육을 함께 고민할 정도로 책임 의식이 강한가?

_____

_____

③ 퇴근 후 집안일을 돕고 자녀 숙제를 봐줄 만큼 섬김을 다하고 있는가?

_____

_____

_____

좋은 부모 되기 위한 오늘의 선포

내가 경영하는 내 가정을 최고로 행복한 가정으로 만들 것이다!

📋 하루 중 가장 좋은 기회를 잡아서 자녀에게 반드시 속삭여주거나 문자로 보내자.

사랑하는 딸아! 너는 엄마에게 상상 이상의 선물이란다.

자랑스러운 아들아! 아빠는 네 모습 그대로를 사랑한단다.

✎ 구체적으로 적어보고 머릿속으로 1분 동안 그려보자.

가정을 이룬 자녀가 가정 경영을 멋지게 하는 모습 상상해보기

✔ 물 한 방울은 미약하지만 바위를 뚫는다. 나의 작은 실천이 모여 내 자녀의 인생을 뚫을 것이다.

가족 섬겨주기

자녀의 숙제 봐주기, 아내의 일 도와주기

👑 인생은 말한 대로 이루어진다. 가슴을 펴고 당당하게 외쳐보자.
내가 좋은 부모가 되겠다고 선포하면 나는 이미 좋은 부모가 된 것이다.

나는 좋은 부모이다. 내 자녀는 행복하고 성공하는 인생을 살 것이다.

회사를 멋지게 경영하는 CEO처럼 나도 가정을 멋지게 경영할 것이다.

좋은 부모 되기 40일 프로젝트

1판 1쇄 발행 2009년 1월 5일
1판 6쇄 발행 2017년 5월 1일

지은이 송재환

펴낸이 김현정
펴낸곳 도서출판도토리창고(도서출판리수)

등록 제4-389호(2000년 1월 13일)
주소 서울시 성동구 행당로 76 110호
전화 2299-3703
팩스 2282-3152
홈페이지 www. risu. co. kr
이메일 risubook@hanmail. net

ⓒ 2009, 송재환

ISBN 978-89-90449-51-1 03370
※책값은 뒤표지에 있습니다.
※잘못 제본된 책은 바꾸어 드립니다.

도토리창고는 도서출판리수의 육아 브랜드입니다.